일본
경제

30
년사

NIHON KEIZAI 30 NENSHI, BABURU KARA ABENOMIKUSU MADE
by Yukio Yanbe
ⓒ 2019 by Yukio Yanbe
Originality published in 2019 by Iwanami Shoten, Publishers, Tokyo.
This Korean edition published 2020
By EIJI21, Inc. Seoul
by arrangement with Iwanami Shoten, Publishers, Tokyo

일본 경제

경제

30

년사

버블에서
아베노믹스까지

안베 유키오 지음 |
홍채훈 옮김

에이지21

2019년 12월 〈일본 경제 30년사〉를 처음 보았을 때 마치 추리소설을 읽는 기분이었다. 필자는 1993년부터 이코노미스트 생활을 하고 있지만, 토론회나 고객 세미나에서 '일본은 왜 30년째 불황을 지속하고 있나요?'라는 질문을 받을 때면 참 난처했기 때문이다.

1990년 주식시장 버블 붕괴 직후에 일본 중앙은행이 신속하게 금리를 인하하지 않았던 것, 그리고 1990년대 중반 내내 지속되었던 정책당국의 과도한 주택 건설 등이 분명 긴 불황을 유발한 요인이었음은 분명하다.

그러나 일본 같은 선진국이 30년째 장기불황이 이어지는 것을 설명하는 데에는 역부족이라는 생각을 갖게 된다. 이런 고민을 하던 차에 읽은 〈일본 경제 30년사〉는 필자에게 한 가지 중요한 힌트를 주었다. 그것은 바로 '재정 건전화' 혹은 '구조조정'에 대한 강박적인 집착이었다.

오른쪽의 〈그림〉은 일본의 GDP Gap과 소비자물가의 관계를 보여주는데, 일본 경제가 1990년대 중반부터 마이너스의 GDP Gap을 기록하고 있음을 금세 발견할 수 있다. 여기서 GDP Gap이란 실제 GDP와 잠재 GDP의 차이를 뜻하는데, GDP Gap이 마이너스 영역에 도달하면 경제 전반에 디플레 압력이 높아지는 것으로 볼 수 있다.

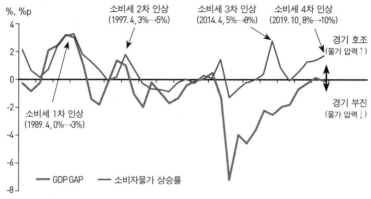

그림. 1985년 이후 일본 GDP Gap과 소비자물가 상승률 추이

%, %p

소비세 2차 인상
(1997. 4, 3%→5%)

소비세 3차 인상
(2014. 4, 5%→8%)

소비세 4차 인상
(2019. 10, 8%→10%)

경기 호조
(물가 압력↑)

소비세 1차 인상
(1989. 4, 0%→3%)

경기 부진
(물가 압력↓)

GDP GAP ── 소비자물가 상승률

1985 1987 1989 1991 1993 1995 1997 1999 2001 2003 2005 2007 2009 2011 2013 2015 2017 2019

출처 | IMF

이 대목에서 GDP Gap이 무엇을 의미하는지 궁금해하는 독자를 위해 연 100만 대의 생산 능력을 가진 자동차 회사 B의 사례를 들어보자. B의 생산 캐파Capacity가 100만 대이니 상당히 큰 회사다.

그런데 신형 모델 인가가 좋아서 연 120만 대의 주문이 들어왔다면 어떻게 될까? 지난 1980년대 후반과 1990년대 초반 한국에서도 이런 일이 허다했다. 1989년 현대자동차의 신형 소나타를 사기 위해 선친과 함께 자동차 대리점을 갔을 때 "지금은 반년 이상 기다려야 합니다"라는 이야기를 들었던 기억이 지금도 선명하다. 당시 대리점 직원은 "풀 옵션 모델은 한 달 안에 받을 수 있어요"라고 제안했는데 사실상의 가격 인상처럼 느껴졌었다. 즉 가격을 대놓고 인상하기 어렵다면 할인을 축소하거나 마진이 많이 남는 옵션이 들어 있는 상품을 결

5

제하도록 유도하는 게 당연한 귀결이라 할 수 있다.

반대로 B 자동차 회사의 모델이 잘 팔리지 않을 때는 어떤 일이 벌어질까? 먼저 공짜로 옵션을 제공해주는 등의 인센티브를 확대할 것이고, 그래도 차가 잘 팔리지 않으면 결국 비용 절감에 나설 수밖에 없다. 먼저 파트타임 근로자부터 해고할 것이고, 이렇게 해도 수요가 회복되지 않으면 정규직 근로자를 대상으로 정리해고를 단행할지도 모른다. 최근 모 자동차 회사에서 실제로 진행되고 있거나 진행되었던 일이다.

이 사례를 통해 수요가 캐파를 넘어설 때는 임금이 상승하고, 또 제품 가격 인상 가능성이 높아지며, 반대로 수요가 생산 캐파보다 부족할 때는 고용이 줄고 인플레이션 압력도 약화된다는 사실을 알 수 있다. 여기서 '캐파'가 곧 잠재 GDP에 해당된다. 잠재 GDP는 경제가 보유한 인력과 장비를 이용해 달성 가능한 최대의 성과로 볼 수 있고, 실제 GDP에서 잠재 GDP를 뺀 것이 바로 GDP Gap이다. 따라서 GDP Gap이 플러스를 기록하면 물가가 상승할 가능성이 높으며, 반대로 GDP Gap이 마이너스를 기록하면 물가가 오르기 어려운 이른바 '디플레'의 시대가 펼쳐진다.

물론 일본이 처음부터 마이너스 GDP Gap을 기록한 것은 아니다. 1990년대 초반만 해도 공급 과잉 압력은 높지 않았고, 물가상승률도 플러스 수준이었다. 그러나 가장 결정적인 타격을 가한 것은 1997년 하시모토 정부의 소비세 인상이었다. 당시 일본의 GDP 대비 국가 부채 수준은 막 100%를 넘었을 뿐이었지만, 당시로서는 상당한 충격이었던 것 같다. 하시모토 정부는 1997년 1월 국회 시정 방침 연설에서 다음과 같이 강력한 개혁을 추진할 것을 천명한다.

세계가 일체화되어 사람, 물건, 자금, 정보가 자유로이 이동하는 시대에 현재의 시스템이 오히려 우리나라의 활력 있는 발전을 저해한다는 것은 분명합니다. 따라서 우리는 세계의 조류를 선도하는 경제사회 시스템을 하루빨리 창조해야 합니다. 사회에 깊이 뿌리 박힌 시스템을 바꾸는 데는 큰 어려움이 따릅니다. 게다가 이 시스템은 상호 밀접한 관련을 맺고 있습니다. 제가 행정, 재정, 사회보장, 경제, 금융시스템에 교육을 추가하여 6개 개혁을 일체적으로 단행해야 한다고 말씀드리는 것은 실로 이런 까닭입니다. (본문 105쪽)

하시모토 수상이 제기한 6개 개혁에서 가장 핵심이 되는 것은 '재정 구조개혁'으로, 2003년까지 단 7년 만에 국가와 지방의 GDP 대비 재정 적자 비율을 3% 이하로 낮추겠다고 밝혔다. 그리고 이 재정 개혁을 달성하는 가장 중요한 수단이 바로 소비세 인상이었다. 당시 일본의 소비세는 3%였는데 이를 5%까지 인상하겠다는 것이었다. 하시모토 개혁의 두 번째 핵심 요소는 금융 개혁이었는데, 1990년 버블 붕괴 이후 은폐되어 있는 부실채권을 청산함으로써 이른바 '좀비 기업'들이 건전한 기업의 발목을 잡는 일을 바로잡겠다고 선언했다.

겉보기는 일리 있어 보인다. 그러나 지금 돌이켜 생각해보면 이 정책은 결정적인 패착이 되었다. 왜냐하면 1990년 버블 붕괴 이후 7차례에 걸친 대규모 재정 정책 덕분에 간신히 GDP Gap이 플러스로 돌아서는 등 경제가 이제 조금 활력을 찾고 있는데, 증세와 금융 개혁이라는 강력한 '긴축 정책'을 시행하는 게 올바른 일이냐는 반론이 제기

그림. 일본 GDP 대비 국가 부채

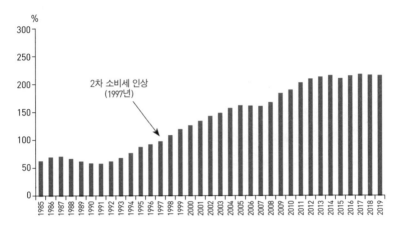

출처 | IMF

될 수 있기 때문이다. 여기에 1997년 7월부터 시작된 아시아 외환위기까지 가세함으로써 일본 경제는 끝없는 나락으로 떨어지고 말았다.

그리고 이 실수는 아베 정부에 의해 다시 반복되고 있다. GDP Gap이 극심한 마이너스를 기록하고 있음에도 아베 정부는 1997년 하시모토 정부의 실수를 똑같이 반복하고 있기 때문이다. 아베 정부는 이른바 '3개의 화살'이라는 정책 목표를 밝힌 바 있다. 첫 번째는 대대적인 통화 공급 확대이며, 두 번째는 강력한 재정 정책이다. 그리고 마지막 세 번째가 기업하기 좋은 나라를 만드는 것인데, 이 책의 후반부를 할애해 이 부분에 대해 통렬한 공격을 가하고 있으니 꼭 읽어보기 바란다.

이코노미스트의 입장에서 볼 때 앞의 2개의 화살은 충분히 이해가 된다. 정책금리가 제로 수준으로 떨어져 더 이상 금리를 인하할 여지가 없을 때는 양적완화Quantitative Easing 정책을 펼치는 것이 당연하며, 저금리 환경이 펼쳐지며 정부의 적자 국채 발행에 따른 이자 부담이 크지 않을 때는 재정 지출 확대 정책을 펼치는 것이 바람직하다. 그러나 세 번째 화살은 앞의 정책과 모순된다.

아베 정부는 기업의 경쟁력을 개선시키겠다는 방침을 밝히면서 법인세를 인하하고 파견근로제 조건 완화를 추진했다. 그러나 이 와중에 2014년 소비세를 기존 5%에서 8%로, 그리고 2019년 다시 10%로 인상한 것은 경기부양에 치중한 아베 정부의 기존 태도와 모순된다. 이 결과 아베노믹스는 기대에 비해 경제 성과는 매우 부진했다. 먼저 1990년 버블 붕괴 이후 20년간의 연평균 경제성장률이 0.8%였는데, 2013년 이후 6년 동안의 아베 내각 성장률은 1.0%였다. 엔저 덕분에 수출이 호조세였던 것을 감안할 때 내수 부문의 연평균 성장률은 단 0.6%로 과거에 비해 성장률은 오히려 낮은 편이다. 2020년 발생한 신종 코로나 바이러스 사태로 도쿄올림픽마저 연기된 것을 감안할 때 아베노믹스의 경제 성과는 아마 더 떨어질 것으로 보인다.

물론 아베노믹스가 모든 면에서 실패한 것은 아니다. 아베노믹스의 세 번째 화살 정책 덕분에 기업의 이익은 폭발적으로 늘어났다. 확정 실적이 발표된 2017년까지의 데이터를 보면 2012년에 비해 기업의 경상이익은 73%나 늘었다. 그러나 같은 기간 배당금이 66% 인상되는 동안 기업의 인건비 지급은 단 5% 늘었을 뿐이다. 임금 인상이 통제되는 가운데 소비 지출은 6년간 단 0.6% 늘어났을 뿐이며 2차례의 소비세 인상 등을 감안한 실질소비는 4% 감소한 것으로 나타났다.

결국 아베노믹스는 법인세 감면과 인건비 통제, 그리고 엔저를 통한 수출 촉진이라는 성과를 거둔 것은 분명한 사실이다. 하지만 그 대가로 근로 여건의 악화와 소비 심리 붕괴, 사회보장 혜택의 저하를 지불한 셈이다. 물론 일본 국민의 선택이다. 그러나 이 가혹한 비용에도 불구하고 일본 경제는 이전 20년에 비해 성과가 개선되지 못했으며, (소비세 인상 폭을 제외한) 물가 상승의 징후는 전혀 보이지 않는다. 이와 같은 역대 일본 정부의 실책은 결국 '경제가 제대로 회복되지 않았음에도 불구하고 재정을 건전화하고 구조조정을 시행한' 조급한 태도에 기인한다고 볼 수 있다.

이 대목에서 마지막으로 덧붙이자면 이 책에도 한 가지 아쉬움이 있다는 것이다. 그것은 바로 중앙은행의 정책에 대한 설명이 다소 부족하다는 점이다. 2013년 구로다 총재 부임 이후 시작된 강력한 통화 공급 확대 정책이 경제에 강력한 '회복' 에너지를 공급한 것은 분명한 사실이다. 물론 저자(안베 유키오)의 주장처럼 대다수 국민의 삶의 질 하락이 나타난 것은 분명한 사실로 보인다. 그러나 일본이 1990년부터 심각한 침체의 늪에 빠진 게 자산 가격 폭락 사태와 이로 인한 금융 기관의 부실화와 가계·기업의 소비·투자 여력 축소 때문이라는 점을 감안하면, 자산 가격의 회복을 무시하기는 어렵지 않을까? 특히 토지 가격이 2016년을 기점으로 회복되기 시작한 것은 경제 전체에 강력한 '선순환'을 불어넣을 기폭제 역할을 할 수 있는 부분이라는 점에서, 이 부분에 대한 설명이 아쉬웠다.

그럼에도 불구하고 이 책의 가치는 낮아지지 않는다. 일본이 재정 건전성, 그리고 시장 구조조정 등의 구호에 집착하다 장기 불황의 늪에 빠져든 것은 한국에게 아주 많은 정보와 교훈을 주기 때문이다. 언론에서는 매년 '사상 최대의 국가 부채'가 보도되며, 정책당국은 재정을 건전하게 유지하는 것이 '최고의 덕목'인 양 행동한다. 이게 과연 올바른 일일까? 이번에 출간되는 책 〈일본 경제 30년사〉가 이 같은 한국 경제의 흐름에 제동을 걸기 바라는 마음 간절하다.

2020년 4월 홍춘욱

contents

Part 01 | 1990년대 이후의 일본 경제

Part 02 | 30년간의 변화를 좇아서

Part 03 | 일본의 재정을 어떻게 볼 것인가

prologue

1990년 혹은 1990년을 전후한 수년간은 세계 경제에, 그리고 일본 경제에 있어서도 중요한 전기의 해였다.

베를린 장벽 붕괴가 1989년, 통일 독일 선포가 1990년, 소비에트 연방 해체가 1991년이다. 1990년을 전후해서 러시아와 주변 국가들이 일제히 시장경제로 바뀌기 시작했다. 한편 1989년의 천안문 사태로 주춤하던 중국의 개혁개방 정책이 재가동된 것도 1992년이라는 점에서 볼 때 1990년 전후는 세계 경제의 세계화가 급속하게 진행되던 시기였다.

그리고 이러한 흐름에서 특히 주목해야 할 것은 경제 면에서 구자본주의 국가에 신자유주의 경제 정책이 널리 퍼졌다는 점이다.

작은 정부와 규제 완화를 두 기둥으로 하는 신자유주의 경제 정책은 이미 1980년대 초부터 영국(1979년 대처 정권의 탄생)과 미국에서 (1981년 레이건 정권의 탄생) 시작되어 뉴질랜드(1984년 롱이 정권의 탄생)로 불똥이 튀었다. 하지만 유럽 국가들에게 널리 채용된 것은 1990년대에 들어와서다.

그 주된 배경은 구소련을 필두로 시작된 사회주의 경제권의 붕괴일 것이다. 이에 따라 유럽 각국 정부는 공산화를 두려워하지 않고 공공연히 '원시자본주의적 경제 정책'인 신자유주의 경제 정책을 채용할 수 있었다. 다시 말하면 '자본주의가 사회주의에 마침내 승리했다'는 확신이 신자유주의 경제 정책의 확산으로 이어졌다. 사실 사회주의에 승리한 것은 원시자본주의가 아닌 수정된 자본주의, 말하자면 복지국 가형의 자본주의였지만···. 하여간 자본주의 정부에 있어서 승리한 그 날에는 더 이상 '수정'이나 '복지'라는 옷은 쓸모가 없어졌다. 수정과 복지 없는 자본주의적 정책이 등장한 것이다.

여기서 프랑스의 사회학자 피에르 부르드외의 말을 인용해보자.

오늘날 유럽의 국민은 역사의 전환점에 서 있다. 왜냐하면 수세기 에 걸친 사회 투쟁과 노동자의 인간 존엄을 지키기 위한 지적, 정 치적 투쟁의 성과가 정면으로 위협받고 있기 때문이다. 각지에서 동시다발적 혹은 파상적으로 유럽 전역과 유럽에서 멀리 떨어진 한국에서도 고조되고 있는 사회운동, 다시 말해 진정한 의미에서 의 연대 없이 독일, 프랑스, 그리스, 이탈리아에서 잇달아 일어나고 있는 운동은 분야와 국가에 따라서 다른 양상을 띠고 있으나 모두 같은 목적을 지닌 정책에 대한 반란이다. 그 목적이라는 것은 바로 문명의 가장 고귀한 성과인 사회적 기득권익을 파괴하는 일이다. 사회적 기득권익은 '세계화(경제적, 사회적으로 뒤처진 나라들의 선진국에 대한 경쟁력)'를 구실로 파괴하는 것이 아니라 보편화하고, 전 세계로 확대하고, 당연히 세계화해야 하는 성과다. '보수주의다, 시대에 뒤처졌다'고 말하는 사람도 있지만, 이 사회적 기득권익의 옹호 이상으로 자연스럽고 정당한 것은 없다. 칸트나 헤겔, 모차르트나 베토벤과 같은 인류 문화적 기득 재산의 옹호를 보수적이라고 단죄하는 사람이 있을까. 많은 사람이 이를 위해서 고생하고 싸워온 사회적 기득권익, 즉 노동법이나 사회보장제도는 이와 마찬가지로 고귀하고 귀중한 성과다. 그러나 그것들은 미술관이나 도서관, 대학에서만 살아남은 것이 아니라 사람들의 생활 속에서 살아 움직이고 있으며, 사람들의 하루하루의 생활을 규제하고 있다.

　　　　　　　　　　　　　　-피에르 부르디외, 〈시장 독재주의 비판〉

　이 부르디외의 말에서 알 수 있듯이 1990년 전후 세계 경제는 신자유주의 경제 정책이 맹위를 떨치기 시작한 시대로써, 그리고 그것에 대항하는 지식인, 노동자, 경제적 약자들의 저항운동이 재차 전개된 시대로써 그 이전과 구별되는 시대로 볼 수 있다.

　한편 일본은 어떤가.

일본에 있어서 1990년과 1991년은 무엇보다도 버블이 붕괴된 해라고 할 수 있다.

　1990년 일본 주식시장이 붕괴되었다. 1989년 12월 29일에 38,915엔이라는 역사상 최고치를 기록한 일본 평균 주가는 1990년에 들어서자 떨어지기 시작해 그해 말 18,915엔 선까지 하락했다. 그리고 다음 해 이후로도 하락은 멈추지 않아 1995년에는 15,000엔 선이 무너졌으며, 2001년에는 1만 엔 선을 밑돌았다. 이후 오늘날까지 변동은 있어도 월말치가 25,000엔 이상으로 복귀한 적이 없다.

　한편 또 하나의 버블이었던 지가도 주가 하락보다 조금 늦은 1991년 벽두를 정점으로 하락세로 돌아섰다. 국토교통성의 공시지가(기준지가의 총평균)를 보면 정점(1991년 초)을 100으로 했을 때 10년 뒤인 2001년 3월 말 27, 20년 뒤인 2011년 초는 25로 하락했고, 22년 뒤인 2013년 초에 이르러서야 간신히 하락세가 멈춰 최근(2018년 초) 30이 되었다.

　버블 붕괴와 함께 경기도 수축되기 시작했다. 경기의 정점은 1991년 2월이었다. 1986년 12월부터 51개월간 지속된 버블 경기가 끝나고 1991년 3월 이후 32개월간 일본 경제는 장기 불황에 빠졌다. '잃어버린 10년'이라 불릴 일본 경제 침체기가 시작된 것이다.

'잃어버린 10년'은 다시 '잃어버린 20년'이라는 표현으로 대체되었다. 그리고 조만간 일본 경제는 '잃어버린 30년'으로 불릴지도 모를 상황에 처해 있다.

이렇게 보면 1990년 전후는 전후 일본 경제에서도 시대의 한 획을 그은 해였다고 할 수 있다.

즉 패전한 1945년부터 1990년 전후까지는 일본 경제의 회복과 상승의 시대였다. 그 뒤 1990년 이후부터 현재까지는 일본 경제의 하락과 쇠퇴의 시대로 바뀌었다고 볼 수 있다.

물론 1945년부터 1990년까지의 일본 경제가 회복과 상승의 시대였다고 하더라도 전기가 되는 해는 몇 번 있었다. 전후 부흥이 어느 정도 성취되어 '더 이상 전후가 아니다'라고 '경제백서'가 선언한 1956년, 달러/엔 환율이 1달러 360엔 시대를 벗어난 1971년, 제1차 오일쇼크가 발생한 1973년, 게다가 공해 문제가 터져 나와 고도 경제성장의 기반이 크게 흔들린 1970년대 초반 등이 대표적이다.

그러나 이런 몇 번의 전환점을 거치지 않아도 1990년까지 일본 경제는 어쨌든 우상향의 추이를 보였다. 전후의 폐허에서 출발해서 1990년에는 GDP 세계 2위, 1인당 GDP 세계 8위(IMF 통계)의 경제대국으로 올라섰다. 1979년에는 하버드 대학 교수이자 사회학자인 에즈라 보겔이 '일본은 넘버원Japan as Number one'이라고 추켜세우기까지 했다.

이런 흐름의 역전이 반복된 것이 1990년이다. 주가와 지가가 하락했고 10년쯤 늦긴 했지만 GDP도 감소하기 시작했다(1998년 이후). GDP가 중국에게 추월당해 세계 3위가 된 것이 2010년이다. 1인당 GDP를 보면 엔저로 달러 환산액이 줄어든 탓도 있지만 2017년에는 세계 25위로 내려앉았다.

1990년 이후의 일본 경제는 내리막길을 걷고 있다고밖에 볼 수 없다.

이 책에서는 그러한 '내리막길'을 걷게 된 1990년 이후의 약 30년간의 일본 경제를 돌아보려고 한다. '버블 붕괴 후의 30년'이며, '소비세 도입(1989년) 후의 30년이며, 헤이세이(平成,1989-2019) 시대로 불리는 30년이기도 하다. 이 30년은 어떤 시대였을까.

먼저 시기의 구분으로 이 30년을 아래의 네 시기로 나눠서 보자는 것이 이 책의 입장이다.

1. 1990-1997. 버블 붕괴 이후 7년간으로 버블 붕괴에 따른 장기

경기 하강에 빠져든 시기와 이후의 경기 회복기다. 경기 하강이 장기화되고 있지만 그래도 회복세로 향하기 시작한 시기다. 하지만 사람들의 의식 속에는 '일본 경제위기론'이 대두하여 1990년대 후반 이후의 '구조개혁의 시기', 일본판 신자유주의 경제 시기를 준비한 시간이다.

2. 1997-2009. 하시모토 류타로 수상이 주도한 '6개 개혁'의 실시와 그 좌절의 시기. 그리고 고이즈미 준이치로 내각 탄생 이후 아베 신조, 후쿠다 야스오, 아소 다로 내각으로 이어지는 '구조개혁'의 시기. 말하자면 일본식 신자유주의 경제 정책이 전면적으로 전개된 시기다.

3. 2009-2012. 민주당 정권 탄생에서 자멸까지의 시기다.

4. 2013-2019. 제2차 아베 신조 내각의 발족에서 현재까지 '아베노믹스'의 시기로 다시 신자유주의 경제 정책이 전면적으로 전개된 시기다.

이 책의 구성은 다음과 같다.

파트1에서 이 책이 대상으로 하는 기간(1990년 이후의 30년간과 1980년대 후반의 버블 경기 시기를 합친 35년간)의 일본 경제의 변화를 개괄한다(1장). 여기서 1990년 이후의 30년간뿐 아니라 그 이전의 시기(1980년대 후반의 약 5년간, 버블 시기)를 포함해서 대상으로 한 것은 1990년 이후의 일본 경제, 특히 앞에서 분류한 첫 시기(1990-1997)를 보는 데 있어서 선행하는 버블 시기를 살펴볼 필요가 있다고 생각했기 때문이다.

파트2에서 버블 붕괴 이전의 시기(1980년대 중반에서 1990년까지)를 돌아본다. 버블의 발생에서 팽창, 붕괴까지의 시기다(2장). 이어서 1990년 이후의 30년간을 앞의 시기 구분에 따라서 3장(1990년에서 1997년까지), 4장(1997년에서 2000년까지 하시모토 내각의 '6개 개혁'과 좌절까지), 5장(2001년에서 2009년까지 고이즈미 '구조개혁'의 시기)을 보고, 6장에서 4장과 5장의 보충으로 '구조개혁'이란 무엇인가를 되돌아본다. 계속해서 7장(2009년에서 2012년까지), 8장(2013년에서 2019년까지)의 순으로 살펴본다.

마지막 파트3에서는 이 책의 모든 기간 동안 일본 경제를 속박하여 위정자의 의식에 남아 있었던 재정 적자 문제를 논한다(9장).

Part
01

1990년대
이후의
일본
경제

1장

30년간
일본경제와
생활은
어떻게
바뀌었나

경기는
어떻게
움직여왔는가

먼저 이 책이 대상으로 하는 기간의 경기 변동을 보자. 대상 기간은 1990년 이후의 30년간이지만 이해를 돕기 위해 1980년대 후반(버블 시기)부터 보기로 한다.

그림 1-1. 1980년대 후반 이후의 경기 변동 – 경기동행지수의 추이

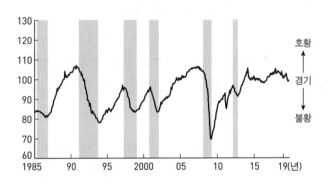

주1 | 2015년=100으로 함
주2 | 음영 부분은 경기 하강기
출처 | 내각부 '경기동행지수'

참고로 한 것은 '경기동행지수(일본에서는 '일치지수'로 표현하나 이 책에서는 한국 통계청이 사용하는 '동행지수'로 표기함-옮긴이)'의 움직임이다(그림 1-1).

경기동행지수는 경기 변동에 반응해서 움직이는 핵심 경제 지표를 합쳐 하나의 지수로 만든 것이다. 경기의 변동을 보여주는 세 개의 지표인 경기선행지수, 경기동행지수, 경기후행지수는 내각부가 작성한다. '그림 1-1'은 그중 하나인 경기동행지수의 추이다. 경기동행지수는 현재 9개의 경제 지표(광공업 생산, 소정 근로 시간 외, 상업 판매액, 그 외)를 합성해서 하나의 지표로 매월 작성된다. 경기가 좋아지면 수치는 커지고 나빠지면 작아지기 때문에 경기 동향과 현상을 파악하는 데 사용된다.

경기 하강 국면으로 시작된 1980년대 후반

먼저 '그림 1-1'처럼 1980년대 후반 일본 경제는 경기 하강 국면 (1985년 7월~1986년 11월)으로 시작했다. 경기 하강을 야기한 주요 원인은 1985년 9월의 플라자 합의(미국의 무역 적자 확대를 시정하기 위해 미국, 영국, 프랑스, 서독, 일본의 5개국 회의에서 맺어진 결정)와 그 결과로써 달러 대비 엔 환율이 대폭 상승한 것, 일본 수출의 성장 둔화였다. '그림 1-2'처럼 1980년대 중반 1달러에 240엔 전후였던 환율이 하락함으로써 일본의 무역수지 흑자는 급속히 큰 폭으로 확대되었다(이른 바 'J-커브' 효과에 따른 것으로, 환율이 급락하면 장기적으로 무역 흑자가 줄어들지만 단기적으로는 무역수지가 오히려 늘어나는 현상이 나타난다-옮긴이).

플라자 합의에 따른 환율 조정은 어쩔 수 없었고, 그 결과로 나타난 경기 하강(엔고 불황)도 부득이한 면이 있었다.

또한 경기 하강 국면이었던 1986년 4월 일본에서는 '국제 협조형 경제로의 생산 구조 전환' 등을 축으로 하는 제언('국제 협조를 위한 경제구조조정연구회 보고서', 소위 '마에카와 리포트')이 당시의 나카소네 야스히로 수상에게 제출되기도 했다. 지나치게 큰 일본의 대외 흑자(강대해진 일본의 국제 경쟁력)의 '시정'이 국제적으로도, 일본 국내에서도 진지하게 거론되던 시기였다.

그림 1-2. 플라자 합의(1985년) 전후 달러/엔 환율, 일본의 무역수지 동향

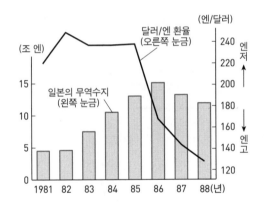

출처 | 내각부 '경제재정백서(2018년)'

버블 경기의 시작(1986년)

경기 이야기로 되돌아가자. 일본이 엔고 불황에서 탈출한 것은 1986년 12월이다. 일본은행의 금융완화 정책 실시(1986년 1월~1987년 2월), 정부의 종합 경제 대책 실시(1986년 9월) 등이 배경이었다. 금융완화 정책의 내용을 보면 1986년 1월(정책금리 5%→4.5%)을 기점으로 1987년 2월까지(정책금리를 사상 최저인 2.5%까지) 수차례 금리 인하가 실시되었다.

이런 정책으로 경기는 상향 국면으로 접어들어 이후 1991년 2월까지 상승했다. 흔히 말하는 '버블 경기'인 것이다. 그 상황은 2장에서 살펴본다.

버블 붕괴가 장기 불황으로(1991년)

1990년대 들어서 주가와 지가가 폭락하는 등의 버블 붕괴로 경기도 1991년 3월부터 하강 국면으로 접어들었다(이하 그림 1 - 1 참조).

버블 붕괴를 초래한 것은 금융 정책과 금융 행정의 변경이었다. 첫 번째로 일본은행은 1989년 5월 정책금리를 0.75%p(2.5%→3.25%) 인상한 것을 시작으로 1990년 8월 6%가 되기까지 총 5회, 3.5%p 인상했다. 두 번째로 대장성은 1990년 3월 '부동산 융자의 총량 규제(은행국장 통지에 의한 금융기관 대상의 행정 지도)'를 실시했다. 부동산용 융자 증가율을 총대출 증가율 이하로 억제하려는 시도였다.

이 충격으로 경기는 1991년 3월부터 하강 국면으로 접어들었다(버블의 반동 불황). 이 하강 국면은 1993년 10월까지 32개월이라는 오랜 기간 지속되었다. 전후 일본의 경기 순환을 되돌아보면 경기 침체가 36개월간 이어졌던(1980년 3월~1983년 2월) 선례가 있다. 하지만 당시는 제2차 오일 쇼크로 1980년부터 시작된 경기 침체가 멈추려는 순간 미국의 경기 침체(1981년 7월~1982년 12월)의 영향을 받아 일어난 것이다. 따라서 두 개의 경기 침체가 연속되었기 때문이라고 볼 수 있다. 1991년 3월부터의 경기 침체는 실질적으로 전후 최장 기간이라고 할 수 있다.

'버블의 반동 불황'은 1993년 10월까지 이어졌다. 일본은행의 금융 정책이 긴축 해제로 바뀐 것(1991년 7월 이후 정책금리 인하 시작, 1993년 9월까지 총 7회 인하, 6% → 1.75%)과 대장성의 '부동산 융자 규제'가 해제된 것(1991년 12월)이 경기 바닥을 찍은 요인으로 볼 수 있다.

이렇게 1993년 11월 이후 경기는 회복 국면으로 접어들었지만 기간은 짧았다. 1997년 6월부터 경기는 다시 하락하기 시작했다.

개혁 정책으로 불황 도래(1997년), 짧은 회복 뒤 재하락(2000년)

1997년 6월부터의 경기 하강은 4장에서 자세히 살펴볼 텐데, 당시 하시모토 내각의 '재정 구조개혁'에 따른 소비세 증세와 공공사업 삭감으로 수요가 감소한 것이 발단이었다. 게다가 아시아 통화위기 발생에 의한 수출 부진과 이런 경기 악화에 수반하는 금융위기 발생이 이어졌다. 이때 1998년과 1999년의 GDP 실질성장률은 전후 처음으로 2년 연속 마이너스가 되는 등 혹독했다.

이런 경기 침체는 정부의 재정 지출로 1999년 1월 바닥을 찍었지만, 이후의 경기 회복은 2000년 11월에 끝나고 12월부터 다시 하강 국면으로 돌아섰다. 그 배경에는 미국의 IT 버블 붕괴가 있었다.

2000년 12월에 시작된 경기 하강은 2002년 1월까지 계속되었다. 버블의 붕괴에서 이 시기까지 약 10년간 '그림 1-1'의 경기동행지수에서 알 수 있듯이 일본의 경제 활동은 버블 최전성기의 수준을 다시는 넘지 못했다. 또한 이 기간에 세 번 있었던 경기 저점에서의 경제 활동 수준은 버블 경기의 시작 때(1987년 초)와 비슷하거나 그 이하까지 추락했다. '잃어버린 10년'이라고 부르는 이유다.

장기 경기 상승(2002~2008년)

경기 동향으로 돌아가자. 2002년 2월 다시 회복세로 돌아선 경기는 2008년 2월까지 73개월간 호황이 이어졌다('이자나기 경기'의 57개월을 뛰어넘은 전후 최장 기록). '이자나기'를 넘어 더러 '이자나미 경기'로 불리기도 한 이 경기 상승기는 상승 기간 동안의 GDP 성장률이 연평균 2% 이하로 낮고(10% 이상이었던 이자나기 경기와는 비교가 되지 않는다), 단순히 장기간 경기가 하강 국면에 빠지지 않고 시간만 경과했을 뿐이라는 '실체 없는 경기 확대'였다.

리먼 쇼크에 의한 경기 침체(2009년)

이 장기간 지속된 경기 상승 국면을 끝낸 것은 2007년경의 미국 서브프라임 위기 발생과 2008년 9월 투자은행 리먼 브라더스의 경영 파탄에 따른 '백년에 한 번 있을 세계 경제위기'의 발생(리먼 쇼크)이었다. 이에 따라 일본의 경기는 하강 국면으로 진입하여(2008년 3월) 경제 활동 수준 역시 빠르게 하락했다.

이런 큰 하락에서 회복하기 시작한 것은 2009년 4월이었다. 회복세로 돌아서고 난 이후의 경기동행지수 추이를 보면 눈에 띄는 하락은 세 번 있었다. 동일본 대지진 발생과 이어진 도쿄전력 후쿠시마 제1 원전 폭발 사고가 있었던 2011년, 그리스 위기가 발단이 된 유럽 경제의 불안정화와 이에 따른 엔고가 발생한 2012년, 소비세율의 인상에 따른 침체가 있었던 2014년이었다.

첫 번째와 두 번째는 민주당 정권(2009년 9월~2012년 12월, 당초에는 사회민주당과 국민신당의 연립정권)에서 일어났다. 전자는 경기 하강 국면까지 이르지 않았다. 하지만 후자는 단기간(2012년 4월~11월, 8개월간)이었지만 경기 하강 국면에 빠졌다.

2014년 4월의 소비세 증세에 따른 경기동행지수의 하락은 제2차 아베 내각(자민당, 공명당 연립정권)에서 일어난 것으로, 추이가 하락한 채로 현재까지 장기간(5년 정도) 계속되고 있다. 하지만 경기 하강 국면이라고 보기는 어렵다.

아베노믹스의 등장(2013년)

2012년 12월 26일 제2차 아베 내각이 탄생하기 직전인 11월에 경기 하강 국면은 끝났었다. 제2차 아베 내각은 경기가 상승 국면에 들어갔을 때, 동시에 리먼 쇼크의 대폭락에서 다시 회복하기 시작했을 때 내각이 조직됨으로써 행운의 출발을 했다.

'그림 1 - 1'에서 경기동행지수의 2013년부터의 추이는 제2차 이후의 아베 내각 정책으로, 말하자면 아베노믹스에 속한다. 이 부분은 8장에서 자세히 다룬다.

경기의 정점과 저점, 그리고 경제 활동 수준

지금까지 본 경기 동향을 경기의 정점(경기가 좋아진 이후 그 이상으로 올라가지 않은 달)과 저점(경기가 하락한 이후 그 이하로 내려가지 않은 달까지), 경기 상승 국면(저점을 찍은 다음 달에서 정점을 찍은 달까지)과 하강 국면(정점을 찍은 다음 달에서 저점을 찍은 달까지)을 표로 정리했다(그림 1 - 3).

또한 경기동행지수를 통해 우리는 경제 활동 수준을 볼 수 있다. '그림 1 - 1'을 다시 보면 1980년대 후반 이후의 일본 경제 활동의 정점은 1990년 10월(2015년을 100으로 했을 때 106.9)이었다. 이후 그 수준에 근접한 적은 있으나(2007년 5월 106.6, 2014년 3월 105.5 등) 이를 넘은 적은 한 번도 없었다(2019년 7월 현재 99.7).

1990년이 전후 일본 경제의 분수령이었다는 사실은 이 지수의 추이에서 알 수 있다.

그림 1-3. 1980년대 후반의 경기 순환

경기의 저점	경기의 정점	경기의 저점	상승 기간	하강 기간	비고
	85.6	▲ 86.11		17개월	상승: 버블 경기 하강: 버블의 반동 불황
86.11 ▼	91.2	▲ 93.10	51개월	32개월	
93.10 ▼	97.5	▲ 99.1	43개월	20개월	
99.1 ▼	00.11	02.1	22개월	14개월	
02.1 ▼	08.2	▲ 09.3	73개월	13개월	상승: 이자나미(?) 경기
09.3 ▼	12.3	▲ 12.11	36개월	8개월	
12.11 ▼	?				

출처 | 내각부 '경기기준일부'

일본 경제는
어떻게
변화해왔는가

시점을 바꿔서 이번에는 1990년 이후의 30년간 있었던 일본 경제의 변화를 알아보자. 먼저 일본 경제의 규모(명목 GDP=국내총생산)와 해마다의 실질성장률(GDP 실질성장률)이 어떻게 변화해왔는가를 보자.

1998년 이후 증가하지 않은 GDP

먼저 시작 연도인 1990년의 명목 GDP는 453조 엔이었다(2008 SNA 대응 국제 기준에 따름. 1조 엔 이하는 절사. 이하 동일). GDP가 매년 증가하던 1994년에는 500조 엔을 넘었고, 1997년에는 534조 엔에 달했다(그림 1 - 4). 그러나 증가 추세는 1997년까지였다. 1998년과 1999년의 명목 GDP는(실질 GDP도) 전년 대비 감소로 돌아섰고, 이후 오랫동안 1997년 수준으로 복귀하지 못했다.

　명목 GDP가 간신히 1997년의 수준으로 돌아온 것은 2007년 (531조 엔)이었지만, 다음 해와 그다음 해(2009년)는 리먼 쇼크의 영향으로 489조 엔까지 떨어졌다. 2012년 이후는 다시 증가 기조로 돌아섰지만 1997년을 웃도는 수준을 회복한 것은 2016년(535조 엔)의 일로 거의 20년 만이다. 2018년 현재의 수준은 다시 548조 엔으로 1997년 대비 2.6% 증가(연평균 0.1% 증가)에 머물고 있다.

1997년은 1990년 대비 81조 엔, 17.8%(연평균 2.4% 증가) 증가한 수준이었다. 1990년부터 1997년까지와 1998년부터 2018년까지의 흐름은 명확하게 바뀌었다. 명목 GDP의 추이로 볼 때 분수령이 된 해는 경기동행지수의 추이에서 본 1990년이 아닌 1997년이 된다.

전후 일본 경제의 분수령이라고 할 수 있는 해는 1990년과 1997년이었던 셈이다.

그림 1-4. 명목 GDP와 GDP 실질성장률의 추이(1990-2018)

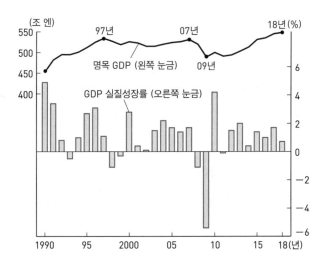

출처 | 내각부 '국민경제계산'

실질성장률은 일시적으로 회복했지만

GDP 실질성장률의 추이도 살펴보자(이하 그림 1 - 4 참조).

버블이 붕괴한 1990년의 실질성장률은 4.9%로 꽤나 높았다. 그러던 것이 1991년 3.4%, 1992년 0.8%, 1993년에는 -0.5%로 마이너스 성장으로 내려앉았다(막대그래프 참조). 이 시기가 앞에서 본 '버블의 반동 불황(1991년 3월~1993년 10월)'이다.

그러나 막대그래프에서 보이는 것처럼 실질성장률의 하락은 1993년에 끝나고 1994년 1.0%, 1995년 2.7%, 1996년 3.1%로 1994년 이후 성장률이 서서히 올라갔다. 경기 회복이 시작된 것이다.

2년에 걸친 마이너스 성장(1998-1999)

그러나 회복은 짧게 끝났다. 1997년의 실질성장률은 1.1%로 소폭 성장에 그쳤고, 1998년과 1999년은 2년 연속 마이너스 성장에 빠져들었다. 이 장의 전반에서 가볍게 다룬 당시 하시모토 내각의 '재정 구조 개혁'의 영향을 받은 하락이었다(자세한 것은 4장 참조).

두 번째 분수령이었던 1997년 이후의 일본 경제의 실질성장률은 1996년에 기록한 3.1%를 단 한 번의 예외(2010년의 실질성장률 4.2%, 리먼 쇼크에 의한 2009년의 -5.4%의 하락 반동으로 성장률이 높았다)를 제외하고 다시는 넘지 못했다.

기업 실적은
어떻게
변화해왔는가

다음으로 30년간의 기업 실적 변화에서 매출과 경상이익 등의 수치를 보자.

기업의 매출 증가는 30년간 8%에 그쳤다

그림 1-5. 기업의 매출 추이(1990-2017)

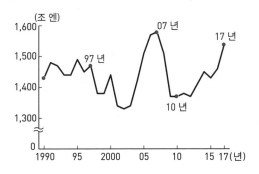

출처 | 재무성 '법인기업통계연보'

먼저 법인 기업의 연간 매출이다(그림 1 - 5).

버블이 붕괴된 1990년 전산업의 연간 매출액은 1,428조 엔이었
다(재무성 '법인기업통계연보' 금융·보험업 제외). 이후 매출이 증가하거
나 감소하거나 그대로인 해도 있었지만 대체로 1997년까지는 보합세
였다(1997년 1,467조 엔으로 1990년 대비 2.7% 증가).

그러던 것이 일본 경제가 마이너스 성장에 빠져든 1998년의 기
업 매출도 크게 하락했다(1,381조 엔). 이후 매출액은 거의 늘지 않았
고 2005년에 이르러서야 간신히 1997년의 수준을 웃돌았다(1,508조
엔). 2007년(1,580조 엔)을 정점으로 리먼 쇼크로 다시 크게 하락하여
최근(2017년 1,544조 엔)에도 아직 리먼 쇼크 이전의 수준으로 회복하
지 못하고 있다.

그림 1-6. 명목 GDP와 기업 매출

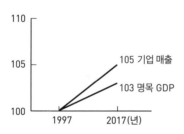

주 | 1997년도=100으로 함
출처 | 내각부 '국민경제계산', 재무성 '법인기업통계연보'

이러한 기업 매출의 침체와 궤를 같이하는 것이 일본의 명목 GDP
이다. 특히 또 하나의 분수령이 된 1997년 이후의 성장세가 그렇다
(그림 1-6).

기업 수익은 급성장

한편 1990년대 이후의 기업 수익의 변동을 보면(그림 1-7) 전체 기업
의 연간 경상이익은 1990년 38.1조 엔을 정점으로 버블이 붕괴한 영
향도 있지만 1993년(20.5조 엔)까지 크게 감소했다. 이후 경기 회복과
함께 1997년(27.8조 엔)까지 회복되었으나 마이너스 성장을 한 1998
년에 다시 감소했다(21.2조 엔).

그림 1-7. 기업의 경상이익 추정(1990-2017)

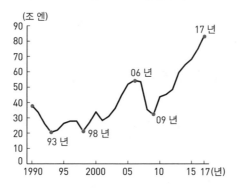

그림 1-8. 매출 증가를 크게 웃도는 경상이익의 증가

	90년=100	98년=100	09년=100
2017년의 매출	108	112	113
2017년의 경상이익	219	394	260

출처 | 재무성 '법인기업통계연보'

그렇지만 이후에는 증가 경향이 나타났다. 특히 리먼 쇼크에 의한 하락(2009년 32.1조 엔) 이후부터는 매년 눈에 띄게 증가세를 보였다.

2017년 전체 기업의 연간 경상이익은 83.6조 엔(역대 최고치)으로 1990년의 2.2배, 마이너스 성장한 1998년의 3.9배, 리먼 쇼크 이후 바닥을 찍은 2009년의 2.6배가 되었다.

앞에서 본 매출 부진에 비해 어느 해와 비교해도 경상이익 증가 추세는 이상하리만큼 크다(그림 1-8).

매출이 그다지 늘지 않았는데도 경상이익은 증가하고 있다. 다시 말해 경상이익률이 상승하고 있다. 왜일까.

부가가치율의 상승과 노동분배율의 저하

매출과 경상이익률을 결정하는 데는 두 가지 큰 요소가 있다.

하나는 부가가치율(부가가치/매출액)이다. 부가가치는 매출과 매출원가의 차이, 즉 기업의 매출총이익이며, 부가가치율은 매출 1단위당의 매출총이익률이다.

그림 1-9. 1990년대의 부가가치율과 노동분배율 추이

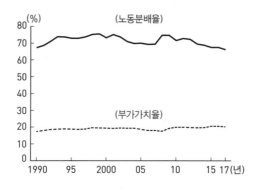

출처 | 재무성 '법인기업통계연보'

　매출과 경상이익률을 결정하는 다른 하나는 노동분배율(인건비/부
가가치)이다. 부가가치(≒매출총이익)는 인건비, 금융 비용(이자), 집세,
땅값 등으로 충당되고 나머지가 기업 수익이 된다. 부가가치에서 분배
되는 요소 중에서 가장 큰 비중을 차지하는 것이 인건비로의 분배금인
데 그 비율(노동분배율)이 기업 수익에 큰 영향을 미친다.

　부가가치율과 노동분배율의 30년간의 추이를 보면, 부가가치율은
경기 변동을 반영해 기복이 있지만(경기 하강 국면에서는 하락, 상승 국면
에서는 상승) 그래도 1990년대 초 18%대에서 최근의 20%대로 완만
한 상승세다(그림 1-9).

　노동분배율은 부가가치율 이상으로 경기 변동의 영향을 크게 받는
데(경기 하강 국면에서는 상승, 상승 국면에서는 하락) 30년간을 통틀어서

보면 1990년대 초의 70%대에서 최근의 60%대로 하락 추세에 있다. 최근 리먼 쇼크에서 회복하는 과정에는 특히 그렇다.

부가가치율의 상승, 다시 말하면 기업의 매출 차익 증가 추세와 노동분배율의 저하, 즉 인건비 감축은 매출이 그다지 늘지 않았음에도 기업의 경상이익이 증가하고 있는 배경이라고 봐도 좋을 것이다.

'그림 1 – 10'에서 연간 매출이 비슷한 1997년과 2016년을 비교하면(1997년이 이 30년간의 전기를, 2016년이 후기를 대표하는 것으로 보면) 그 양상이 어느 정도 보인다.

이 30년간 기업 경영 면에서는 '그림 1 – 10'의 '주'에 나타낸 것처럼 큰 변화가 생겼다.

그림 1-10. 30년간의 기업 수익이 대폭 증가한 배경-한 가지 시산

	매출액	경상이익	(경상수익/매출액)	부가가치	(부가가치/매출액)	인건비	(인건비/부가가치)
1997년도 (1990년대)	1,467	27.8	(1.90)	276	(18.8)	203	(73.6)
2016년도 (2010년대)	1,456	75.0	(5.15)	299	(20.5)	202	(67.6)

주 | 예를 들어 2016년의 부가가치세를 1997년과 같게(18.8%) 놓으면 부가가치는 274조 엔이 되어 현실의 299조 엔에 비해 25조 엔 감소한다. 또한 인건비 비율(노동분배율)을 1997년과 같게(73.6%) 놓으면 인건비는 220조 엔이 되어 현실의 202조 엔과 비교하여 18조 엔 증가한다. 이렇게 하는 것으로 2016년의 경상이익은 43조 엔 감소한 32조 엔이 되어 1997년과 비슷한 수치가 된다.

출처 | 재무성 '법인기업통계연보'

생활은
어떻게
변화해왔는가

마지막으로 지난 30년간의 생활 변화를 보자. 원래 생활 변화는 다방면에 걸친 것으로 여기서는 ①급여의 추이와 ②격차의 추이를 이 30년간의 큰 변화를 대표하는 것으로 생각하고 살펴본다.

1997년을 정점으로 급여 감소

여러 가지 급여 통계가 있지만 그중 하나인 국세청의 '민간급여실태통계조사'의 '1년간 근무한 급여 소득자의 1인당 평균 급여'(그림 1 – 11)를 보자.

　1990년의 평균 급여는 425만 엔이었다. 이것이 1991년의 447만 엔, 1992년의 455만 엔, 1997년에는 467만 엔으로 매년 조금씩 증가 추세였다. 이 흐름이 바뀐 것은 1998년이었다. 1998년은 465만 엔으로 전년 대비 2만 엔 감소했다. 이후 2008년의 430만 엔까지 몇몇 예외가 된 해를 제외하고 꾸준히 감소세였다. 그리고 리먼 쇼크 다음 해인 2009년은 406만 엔으로 급락했다.

그림 1-11. 1년간 근무한 급여 소득자의 1인당 평균 급여 추이

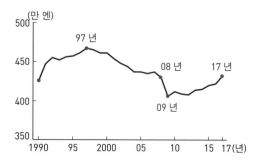

출처 | 국세청 '민간급여실태통계조사'

2009년의 1인당 평균 급여 406만 엔은 감소세가 시작된 1997년의 467만 엔 대비 13%나 적고, 2009년의 소비자물가 지수 수준은 1997년과 거의 같았으므로 실질급여도 13% 줄었다. 그러므로 급여 소득자는 그만큼 가난해졌다고 볼 수 있다.

2010년 이후 평균 급여는 조금씩 회복세로 들어섰으나 2017년 현재 432만 엔으로 1997년보다 여전히 35만 엔(7.5%)이나 낮다. 1997년에서 20년이 지난 지금도 급여 소득자의 1인당 평균 급여는 1997년이 전후 최고치였다.

정규직은 감소, 비정규직은 증가

1998년 이래 급여 소득자의 1인당 평균 급여가 감소한 큰 요인은 정규직의 감소와 이를 대체한 급여 수준이 낮은 비정규직의 증가에 있다. 2018년의 수치를 1997년과 비교하면 정규직은 3,476만 명에서 336만 명 감소했고, 비정규직은 2,120만 명에서 968만 명 증가하여 비율이 23%에서 38%로 상승했다(그림 1-12).

기업 실적 항목에서 기업 수익의 현저한 증가 배경에는 노동분배율의 저하가 있다고 보았는데, 이것을 노동 측면에서 보면 저임금 노동자가 두드러지게 늘어났다는 이야기다. 하나의 큰 분수령이었던 1997년에는 일본 경제의 또 다른 큰 변화가 있었던 것이다.

그림 1-12. 정규직과 비정규직의 구성 변화

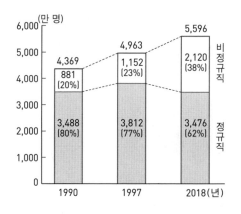

출처 | 총무성 '노동력조사'

소득 불평등도 확대 경향

소득 불평등도 알아보자.

소득 불평등은 일반적으로 지니 계수로 측정된다. 이탈리아의 경제학자인 코라도 지니Corrado Gini가 고안한 이 계수의 산출 방법은 '그림 1-13'과 같다.

복수의 세대로 구성된 한 사회의 지니 계수를 구하는 방법이다.

① 소득이 낮은 순으로 세대를 나열하여 가로축에는 세대수를 누적시킨 비율을 적는다(0~100%).
② 누적 세대의 비율에 대응하는 누적 소득액의 비율을 세로축에 적어 그 점을 이어나간다.

그림 1-13. 지니 계수 산출 방법

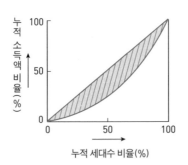

주 | 지니 계수 $0 \leq \dfrac{초승달 \ 면적}{삼각형 \ 면적} \leq 1$

③ 소득 분배가 완전히 평등한 경우 그 선은 대각선이 될 것이다 (예를 들어 누적 세대수 비율이 50%인 경우 누적 소득액 비율도 50% 가 된다).

④ 반대로 소득 분배가 완전히 불평등한 경우(1%의 세대가 전체 소득을 점유하고 있을 경우) 이 선은 삼각형의 밑변 선과 가로축의 100 인 지점에서 시작하여 세로축 100에 이르는 수직선이 된다.

⑤ 일반적으로는 좌측 하단의 0인 지점과 우측 상단의 100의 점을 잇는 곡선이 된다.

⑥ 이렇게 생긴 초승달 모양(그림에서 사선 부분)의 삼각형 면적에 대한 비율이 지니 계수다.

⑦ 결국 지니 계수는 0(소득 분배가 완전 평등할 경우)부터 1(완전 불평등할 경우) 사이의 값의 형태를 띤다. 1에 가까울수록 불평등하다고 볼 수 있다.

일본 사회의 지니 계수는 후생노동성이 3년마다 실시하는 '소득재분배조사'에 따라 측정된다. 그 추이는 '그림 1 - 14'와 같다.

순소득의 지니 계수는 1990년의 0.43에서 2017년의 0.56으로 확연하게 증가하고 있어 소득 불평등이 심화되고 있음을 알 수 있다.

개인의 순소득에서 세금과 사회보험료 부담을 제하고 사회보장에 의한 급부(연금, 생활보호 등)를 추가한 것이 재분배 소득인데, 재분배 소득 기준 지니 계수는 1990년 0.36에서 2017년 0.37로 소폭 상승했다(자세히 보면 1990년대 후반부터 2000년대 초반까지는 증가했지만 2010년대 들어와서 제동이 걸린 것으로 보인다).

그림 1-14. 지니 계수 추이

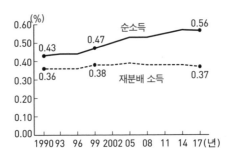

출처 | 후생노동성 '소득재분배조사'

또한 선진국과 비교해서 2008년의 상황을 보면 일본의 지니 계수는 OECD 평균보다 약간 높아 '불평등도가 조금 높다', '주요국 중 일본보다 지니 계수가 큰 나라(불평등도가 높은 나라)는 미국, 영국, 호주이며 캐나다, 독일, 프랑스, 네덜란드, 스웨덴, 덴마크 등은 일본보다 작다(불평등도가 낮은 나라)는 것이 정부 분석이다(후생노동성, '후생노동백서' 2012년판).

이미 '평등 사회 일본'이라고 말할 수 없을 정도로 이 30년 사이에 그렇게 달라졌다.

Part
02

30년간의
변화를
좇아서

2장

버블
발생부터
팽창,
붕괴까지
(1985-1990)

일본의 1980년대 후반은 버블 시대였다. '버블은 거품을 뜻하는데 실제가 없는 투기에 의한 호황을 가리키며 거품처럼 사라지기에 그렇게 이름 붙였다. 1980년대 말의 일본도 토지와 주식에서 버블이 생겨 1990년대 거품이 꺼지면서 장기 불황이 발생했다'고 설명되어 있다 (이토 미쓰하루 편, 〈이와나미 현대경제학사전〉 2004년).

주가와
지가의
상승과 버블화

상승하는 주가와 지가

먼저 이 시기의 주가와 지가의 움직임을 살펴보자. 먼저 주가다.

그림 2-1. 주가 지수의 추이

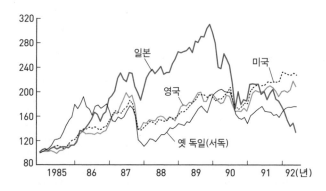

주 | 주가 지수는 일본은 월말치, 그 외 국가는 월 평균치를 '1985년 1월=100'으로 환산한 값
출처 | 경제기획청 '연차경제보고(1992년판)'

도쿄 증권거래소 주가 지수(토픽스)의 움직임을 보면, 주가는 1986년 초부터 상승 추세였다가 1987년 후반에 뉴욕 시장의 주가 대폭락(1987년 10월 19일, 블랙 먼데이)의 충격으로 일시 하락했지만 1987년 말부터 다시 상승하여 1989년 말까지 계속해서 올랐다. 이 상승 추세는 미국, 영국, 서독 등 다른 선진국에서도 똑같이 발생했지만 일본의 상승 추세가 특히 두드러졌다. '그림 2 - 1'대로다.

　　지가의 움직임은 지역과 용도에 따라 다르지만, 1980년대 후반에는 도쿄권 상업지의 지가 상승이 도쿄권 택지의 지가 상승을 불러왔음을 알 수 있다. 이어서 오사카권의 상업지와 택지로, 다시 나고야권으로, 그리고 지방 도시에까지 영향이 미쳤다(그림 2 - 2).

그림 2-2. 지가 상승의 전파 과정(도쿄권에서 오사카권, 나고야권, 지방으로)

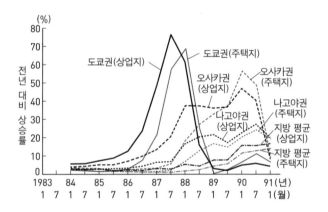

주 | 지방 평균치는 지방권의 도시계획 구역 내 포인트의 평균치
출처 | 경제기획청 '연차경제보고(1991년판)'

그림 2-3. 주가, 지가, 실질 GDP 추이

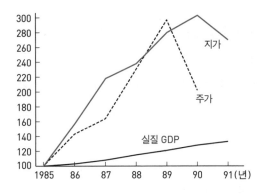

주1 | 주가는 각 연말의 일평균치
주2 | 지가는 각 연초의 공시지가
주3 | 실질 GDP는 매 해
주4 | 모두 '1985년=100'으로 함
출처 | 국토청 '공시지가', 내각부 '국민경제계산' 외

　　주가의 상승은 1989년 말까지, 지가의 상승은 1990년 초까지 계속되었지만 각각의 정점이었던 시기의 수준을 1985년의 수준과 비교하면 주가와 지가 모두 거의 3배로 뛰어 있었다. 이 사이 실질 GDP 증가분이 1.2~1.3배였다는 것과 비교하면 이 상승 폭의 크기를 짐작할 수 있다(그림 2 - 3).

이것은 버블인가

이런 주가와 지가의 상승을 정책당국(정부, 일본은행)은 어떻게 파악하고 있었을까.

1989년의 정부의 '연차경제보고'(별칭 '경제백서', 내각 회의 보고는 1989년 8월 8일로 역시 버블 붕괴 전이다)가 '일본 경제의 스톡화'라는 1장을 만들어 '주가 변동과 그 원인' 및 '주가 상승과 그 원인'을 분석하고 있다. '어쩌면 이것은 버블?'이라는 우려가 정부 내에서 일어나고 있었기 때문인지도 모른다.

하지만 결론적으로 주가 상승에 대해 '대체로 기업의 자산 가치를 평가한 수준으로 판단된다'고 평가했으며, 지가 상승에 대해 '최근 자국 경제의 국제화가 진전됨에 따라 도쿄권에 경제 기능 등의 집중화가 진행되고 있다. 특히 도쿄는 국제금융센터로 급성장하고 있어 도심의 사무실 수급이 원활하지 않다. 따라서 도쿄 토지의 생산성(한계가치 생산성)과 그 기대치의 상승이 있다고 판단된다'며 버블로 보는 견해에는 부정적이었다.

정부의 '연차경제보고'가 1980년대 후반의 주가와 지가의 상승을 버블로 간주하는 분석을 내놓은 것은 주가도 지가도 하락세로 변한 뒤인 1992년 7월 28일 내각 회의에 보고된 1992년판에서다.

즉 1992년판에서 주가에 대해 '금리 수정 PER(주가수익배율에 장기금리를 곱한 수치)'을 산출해서 그 추이를 봄으로써 1987년 중반(블랙 먼데이 전)과 1989년 후반의 주가 수준이 당시의 펀더멘털(기업 수익 등의 수준)과 큰 괴리가 있었다(그림 2-4).

그림 2-4. 금리 수정 PER 추이

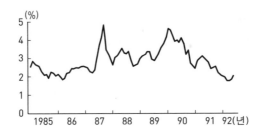

주1 | PER = 주가/주당순이익 = 주가수익배율

　　금리 수정 PER = PER×금리÷100, 금리는 최장기 국채의 유통이자

주2 | 주가는 월말치

출처 | 경제기획청 '연차경제보고(1992년판)'

　　또한 지가는 이론 지가(그림 2-5의 '주' 참조)를 산출하여 실제 지가와 비교해 1988년 이후의 실제 지가가 이론 지가를 상회한 것으로 추정한다(그림 2-5). 이 그림에서는 도쿄 23구만 인용되어 있는데 '연차경제보고'에는 나고야권과 오사카권도 비슷한 모양의 그림을 게재하고 있다.

일본은행의 걱정

1980년대 말 일본 경제에 버블 징후가 있었음을 당시 일부 일본은행 직원은 인지하고 있었던 것으로 보인다. '조사월보' 1990년 4월호에

그림 2-5. 주택지의 이론 지가와 실제 지가의 추이

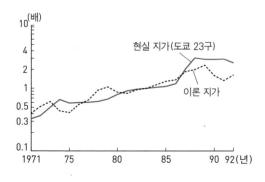

주 | 이론 지가는 소비자물가 지수의 임대료를 이번 지가 상승 직전인 1983년을 1로 잡고 지수
화한 것을, 1983년을 1로 잡고 지수화한 장기금리(전신전화채권금리)에서 뺀 것이다. 실
제 지가도 1983년을 1로 잡고 지수화한 것이다.
출처 | 경제기획청 '연차경제보고(1992년판)'

게재된 '우리나라의 최근 지가 상승의 배경과 영향에 대해서'라는 논
문이 대표적이다.

그 논문은 '최근 영국과 미국의 지가 급락이 도화선이 되어 금융기
관의 경영 악화가 발생한 사례가 있는데, 이러한 해외의 경험에서 얻
는 공통된 교훈으로 다음 세 가지를 지적할 수 있다'고 설명한다. ①지
가가 단기간에 급상승하면 이후 반전될 가능성이 있다. ②이럴 경우
개별 금융기관의 경영 불안정에 그치지 않고 경우에 따라서는 금융시
스템 전체로 동요가 이어질지 모른다. ③부동산 관련 대출의 회수 불
능은 중소 금융기관과 논뱅크(비은행계 금융기관)에서 발생하기 쉽다.

그러나 이상과 같은 지적이 있었음에도 '금융기관이 규제나 감독,

금융 정책 등의 수단을 써서 즉각 어떤 조치를 취해야 한다는 주장은 일본은행 내에서도 소수파였다'고 한다(시라카와 마사아키, 〈중앙은행〉, 2008).

무엇이 버블을
발생시켰고
팽창시켰는가

이후의 사태 추이를 밟아 나가기 전에 여기서 '무엇이 버블을 발생시켰고 팽창시켰는가'를 생각해보자.

이 점에 관해서는 버블 붕괴 이후 많은 논의가 이루어져왔는데 무엇보다도 참고가 되는 것이 전 일본은행 총재 시라카와 마사아키의 책 〈중앙은행〉이다.

이 책에서 그는 ①버블을 발생시킨 초기 요인과 ②발생한 버블을 가속시킨 요인으로 나눠서 고찰하고 있는데 ①의 요인으로 '가격 상승 기대 심리'와 '신용대출 폭증' 두 가지를, ②의 요인으로 '장기화된 금융완화 정책', '금융과 경제 활동 사이에서 만들어진 경기 증폭적인 작용', '지가 상승을 가속하기 쉬운 세제' 세 가지를 꼽고 있다.

모두 중요한 지적이라고 생각되는데 자세한 내용은 그 책에 양보하고 여기서는 그중 세 가지 '가격 상승 기대 심리', '장기화된 금융완화 정책', '신용대출 폭증'을 다룬다.

가격 상승 기대 심리

주가와 지가의 급격한 상승이 있었음에도 이를 이상하다고(버블이라고) 여기지 않고 일본 경제의 실력인 것처럼 당연하게 받아들여 주가와 지가의 지속적인 상승을 기대하는 분위기가 1980년대 후반 일본 사회에 퍼져 있었는데, 이것이 버블을 발생시키고 팽창시킨 큰 원인이었다. 시라카와 전 일본은행 총재가 말하는 '가격 상승 기대 심리'는 이런 분위기를 지적한 것으로 보인다.

그는 '가격 상승 기대 심리'를 불러온 배경으로 ①일본 경제의 거시적 실적의 양호함(성장률은 선진국 중 가장 높은 데다가 물가상승률은 낮았다), ②기업과 산업 차원에서 본 강력한 국제 경쟁력과 경상수지의 대폭적인 흑자, ③국제 금융시장에서의 일본 은행권의 존재감 고조 등을 꼽는다.

그리고 이 분위기는 당시의 정책당국과 주변 인물의 감각에도 반영되어 있었다.

대표적인 예가 바로 '마에카와 리포트'이다.

'마에카와 리포트'는 경상수지 불균형(미국의 대폭 적자, 일본의 대폭 흑자)을 시정하라는 미국의 강력한 요구를 받고 당시 나카소네 내각이 발족시킨 '국제 협조를 위한 경제구조조정연구회'가 1986년 4월에 내각 총리대신에게 제출한 보고서다. 연구회의 회장이었던 마에카와 하루오 전 일본은행 총재의 이름을 따서 통칭 '마에카와 리포트'로 불린다.

이 보고서는 '내수 확대', '국제적으로 조화로운 산업 구조로의 전환', '시장 접근 개선', '제품 수입 촉진' 등 미국의 요구를 있는 그대로 (불균형의 원인이 주로 미국 측의 제도나 행동에 있다는 것을 지적하지 않았을 뿐만 아니라 무역 불균형을 두 나라 간의 문제라고 파악하는 등 경제학적인 요인 분석조차 하지 않고) 받아들이는 내용이었다. 하지만 그것은 미국의 요청뿐 아니라 시대의 요구에 부응하는 것으로써 학자들의 비판은 있었지만 정부가 수용하여 세간에서도 받아들여졌다.

이 '마에카와 리포트'의 배후에 있었던 사고방식과 시대 인식은 '일본은 지금 국제사회에서 중요한 위치를 차지하고 있고', 따라서 '우리나라의 경제적 지위에 어울리는 책무를 다해 세계 경제와 조화롭게 공존을 도모해야 할' 필요가 있고, '기업도 국제적 책임을 자각하는 행동이 요구된다'는 것이었다. '자신만만한 일본'이라는 인상이 이 보고서에서 느껴진다.

당시의 분위기를 보여주는 또 하나의 예로 당시의 사람들 사이에서 널리 읽히던 책인 〈Japan as Number One〉을 들 수 있다. 1979년에 출판되어 그해 일본에서도 번역된, 미국의 사회학자이자 하버드 대학 교수 에즈라 보겔이 쓴 이 책은 제목 그대로 눈부신 발전을 이룩한 당시의 일본을 높게 평가한 내용이다. 부제는 '미국에 주는 교훈'이다.

일본인의 근면함, 높은 학습 의욕, 관료의 우수함, 기업 경영의 훌륭함 등을 높게 평가한 이 책은 일본 국내에서도 수십만 부가 팔렸다.

게다가 책에서는 일본의 기업 경영에서 종신고용제, 연공서열형 임금, 기업 내 복리후생의 충실함, 눈앞의 이익이 아닌 장기 이익을 얻으려는 경영 자세 등이 일본 경제의 성공을 불러왔다고 평가하고 있다(얄궂지만 이들 모두 1990년대 일본의 '구조개혁'에서 부정되어 지금은 거의 자취를 감췄다. 이 점은 4장에서 다룬다).

하여간 대부분의 일본인에게는 기분 좋은 책으로 1980년대 많은 사람의 '가격 상승 기대 심리'를 부추겼다고, 즉 버블의 발생과 팽창의 한 요인이 되었다고 생각된다.

장기화된 금융완화 정책

가격 상승 기대가 장기화된 것 못지않게 중요한 요인은 '장기화된 금융완화 정책'이었다.

제2차 오일 쇼크(이란 혁명과 뒤이은 원유 가격 폭등)로 인한 물가 상승을 억누르기 위해 일본은행의 기준대출금리(정책금리)는 1980년 3월 9%까지 인상되었다. 이러던 것이 사태가 진정됨에 따라 단계적으로 인하되어 1983년 10월 5%가 되었다.

그 뒤 1986년 1월 플라자 합의(1985년 9월)를 계기로 급속하게 진행된 엔고와 그와 동시에 일어난 경기 악화(1985년 7월~)에 대처하기 위해 정책금리가 4.5%로 인하되었다. 이후로도 정책금리가 네 번 더 인하되어 1987년 2월에는 역사상 최저 수준인 2.5%까지 내려갔다.

여기서 한 가지 의문이 생긴다. 왜 일본은행은 금융완화(2.5%라는 역사상 최저치의 정책금리 수준)를 장기간 지속했을까? 좀더 일찍 가령 총통화의 증가 속도가 지나치게 빨라진 1987년 중반부터 1988년 사이에 정책 전환을 했어야 하지 않았을까.

그림 2-6. 버블 경기 직후의 금융 정책(정책금리 추이)

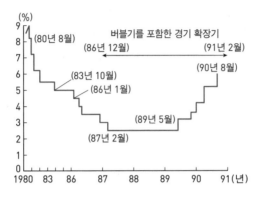

출처 | 일본은행 홈페이지

그림 2-7. 버블 시기(1987-1990)에 이상하리만큼 높은 증가를 보인 총통화

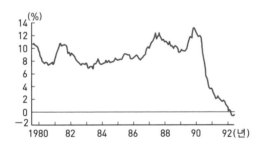

주 | 총통화 (M2=현금+은행 예금)
 (월평균 잔고의 전년 대비 증가율)
출처 | 일본은행 홈페이지

그 이유로 크게 세 가지 사정을 들 수 있다.

첫 번째는 1987년 10월 미국에서 발생한 주가 폭락(블랙 먼데이)의 영향이다. 미국의 FRB(연방준비제도이사회)는 정책금리를 인하하여 시장에 대량의 자금을 공급함으로써 금융시장을 조기에 안정시킬 수 있었지만, 일본은행은 자국의 버블을 미연에 방지하기 위해 정책금리를 인상하기는 어려운 상황이었다. 왜냐하면 일본의 금리 인상은 엔고와 달러 약세를 불러와 미국 경제에 시장의 불신을 증폭시킬 수 있기 때문이다.

두 번째는 그렇다면 블랙 먼데이로 촉발된 불안 상태가 어느 정도 진정된 1988년 후반 이후는 왜 가만히 있었을까? 여기에는 1989년 4월로 예정되어 있던 소비세 도입 문제가 기다리고 있었다.

일반소비세(부가가치세) 도입은 1970년대 이후 자민당 정권이 정책 과제로 내세운 것이었다. 하지만 도입 시도는 두 번이나 좌절되었다. 첫 번째는 1979년 오히라 마사요시 내각 때였다. 야당은 물론이고 소매업계와 소비자 단체의 강한 반대로 각의 결정까지 갔던 일반소비세 도입 문제는 선거전이 한창일 때 단념하겠다는 오히라 수상의 입장 표명으로 끝났다. 두 번째는 1987년 나카소네 내각 때였다. 매출세 법안을 국회에 제출했지만 그해 봄 참의원 보궐선거와 통일지방선거에서 자민당이 패배할 조짐을 보이자 법안은 한 번도 심의되지 않은 채 폐기되었다. 1987년 11월에 탄생한 다케시타 노보루 내각이 1988년 12월 국회에서 소비세 법안을 강행, 채결하여 통과시키고 1989년 4월부터 도입을 결정하게 된 데는 그런 경위가 있었다.

말하자면 자민당 정권과 대장성의 숙원이라고 할 수 있는 소비세 도입 실시가 실현되기 전까지 일본 경제는 평온해야만 했으며, 버블 붕괴 등의 혼란을 불러일으킬 수도 있는 금융 정책의 변경 등은 피하는 편이 좋았던 것이다. 당시의 일본은행(수뇌부 혹은 직원들)이 이렇게 생각한 것은 충분히 있을 법한 일이었다.

실제로 일본은행이 '정책금리를 3.25%로 인상한다'고 결정한 것은 소비세 도입 1개월 뒤인 1989년 5월이었다.

세 번째는 일본은행이 그 정책을 결정하는 데 가장 중시한 지표, 소비자물가가 그 즈음 매우 안정된 추이를 보인 것이다.

'그림 2−8'의 GDP 실질성장률에서 보이는 것처럼 버블 시기였던 1980년대 후반 자산 가격의 상승으로 비교적 높은 경제성장이 계속되던 가운데 소비자물가 상승률은 1986년 0.6%, 1987년 0.1%, 1988년 0.7%로 매우 낮은 상태에 머물러 있었다. 엔고가 진행됨에 따

그림 2-8. 1980년대의 GDP 실질성장률과 물가상승률 추이

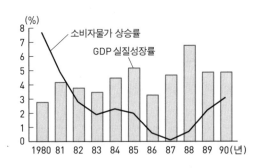

출처 | 내각부 '국민경제계산', 총리부 '소비자물가 지수'

라 원자재 등의 수입품 가격이 하락한 것이 그 배경이었다.

물가가 충분히 안정되어 있는 상황에서 금융 정책을 변경할 이유
는 전혀 없었다.

신용대출 폭증

지금까지의 상황을 보면 금융완화 정책이 지속됨에 따라 금융기관의
대출이 매우 적극적으로 변하여 결과적으로 총통화는 현저하게 증가
했다. 이런 상황은 앞에서 봤지만(그림 2 – 7) 문제는 왜 이 시기에 이렇
게 은행의 행동이 적극적으로 변했는가 하는 것이다.

버블 시기 한참 전(1970년대 이전)의 은행은 돌다리도 두드려보고
건너는 식의 완고함으로 정평이 나 있었다. 특히 융자에 있어서는 거
듭 검토하며 신중을 기했는데 거기에는 그들만의 '은행 경영의 철칙'
이라고 부를 만한 것이 있었다. 예를 하나 들어보자. 아래는 1927년
쇼와 금융공황 당시 시중은행 총재가 합병을 통해 새로이 은행원이 된
직원들에게 보낸 메시지이다.

> 지금 제군들 앞에서 우리 은행의 방침을 설명하는 것은 부처님에
> 게 교리를 설법하는, 오만한 행동이지만 많은 은행이 단지 예금을
> 받아서 그것을 대출해주기만 하면 된다고 생각하는 것 같아서 이
> 를 바로잡기 위함입니다.
> 제가 보는 바에 따르면 은행의 영업은 자기 자본금 및 적립금을 기

초로 해서 대중의 자금을 맡아 그것을 확실히 운용하여 예금자에게도 상당의 이익, 즉 이자를 주고 자신도 차익을 얻어 주주를 위한 이익 도모를 목적으로 하기 때문에, 적어도 은행원이 된 자는 주주 및 예금자를 위한 선량한 관리자의 마음가짐으로 대출과 그외 자금 운용에 주도면밀한 주의를 기울여 성실하게 그 사무를 처리해야 합니다.

그러므로 대출을 하는 데 있어서는 항상 진면목의 상공업 자금을 제공한다는 마음가짐으로 임해야 합니다. 만일 그것이 투기성 자금이라면 반드시 피해야 합니다. 또한 그것이 상공업 자금이라 할지라도 회수 전망이 불확실하거나 그 담보가 상당한 가치가 있는 것이라도 그것이 부동산 또는 부동산의 투기 자금에 사용된다면 대출해줄 수 없습니다.

(중략)

이러한 것들은 명백한 것으로 지금 새삼스레 이야기할 필요가 없지만, 인간은 당연한 것을 준수하는 데 있어 잘못하기 쉬운 법이므로 제군들이 OO은행의 은행원이 되기 전에 먼저 나의 노파심을 말하고 싶었습니다. 실례를 범한 점이 있었다면 너그럽게 용서해주시기 바랍니다. (구 제일은행의 내부 자료에서)

이 메시지가 나온 쇼와 금융공황 당시와 그 이후는 물론 전후에도 오랫동안 지켜졌던 이것은 '은행의 상식'으로써 은행 경영자는 물론이고 많은 은행원에게 공유되었다.

그렇다면 은행의 대출 태도는 어떻게 적극적으로 변하게 되었을까?

먼저 ①매년 10% 전후의 성장을 이룩한 고도 성장기가 끝나고 저성장(그래도 1980년대 일본은 5% 전후의 성장을 기록하여 여타 선진국과 비교해도 여전히 높은 고도 성장 경제였다) 시대로 변하여 기업의 설비 투자 등의 자금 수요 증가가 줄어들었고, 게다가 ②기업의 자기자본 축적이 진행되어 외부 자금의 의존도가 낮아졌으며, ③증권시장이 발달함에 따라 증자 및 채권 발행으로 기업의 자금 조달이 활성화되는 등 은행에서 차입하는 자금 수요가 줄어들었다.

이러한 변화의 당연한 결과로 은행 간의 대출 경쟁이 치열해졌는데, 그중에서도 비교적 유리한 입장이었던 것은 주거래처를 많이 가지고 있던 시중(구 재벌계)은행들이었다. 또한 지역 기업에 강점이 있던 지방은행도 나름 유리한 입장이었다. 거래처의 융자 요청은 먼저 이들 은행에게 쏠렸기 때문이다.

반대로 그렇지 않은 금융기관의 경영은 어려워졌다. 예를 들면 주거래 은행이 받아들이지 못하는 부분의 장기 자금 수요를 충족하고 있던 장기신용은행이나 경제력이 약한 지역에 들어선 지방은행이나 제2지방은행, 대도시권에 입지한 중소 금융기관(제2지방은행, 신용금고, 신용조합 등)이 그랬다. 또한 1970년대 개인 대상 주택금융을 충족시키겠다는 취지로 대장성 주도로 만들어진 주택금융전문회사(주전)도 주거래 은행이 자금에 여유가 생겨 스스로 주택담보대출을 취급하기 시작한 탓에 어려운 상황에 빠졌다.

주가와 지가 버블은 이러한 상황에서 발생한 것이다. 다른 분야에서 돌파구를 모색하려던 많은 금융기관, 특히 한계 상황에 놓인 금융기관의 입장에서는 버블의 발생과 그에 따른 금융완화 정책의 지속은

'천재일우의 호재'로 비쳐졌다.

이렇게 대출 경쟁이 심화되었고 총통화가 증가했으며 그것이 다시 버블을 팽창시켰다.

금융 정책,
금융 행정의 전환

버블 붕괴로

버블을 붕괴시킨 것은 무엇일까. 주가 버블을 붕괴시킨 것은 일본은
행의 금융 정책 전환, 즉 정책금리의 인상이었다. 반면 지가 버블은 대
장성의 금융 행정 전환, 즉 부동산 금융 규제의 발동이 결정적이었다.

금융 정책의 전환과 주가 버블 붕괴

일본은행은 소비세가 도입된 다음 달인 1989년 5월에 정책금리를
3.25%로 인상한 것을 시작으로 10월에 3.75%, 12월에 4.25%로 인상
했다. 게다가 해를 넘긴 1990년 3월에는 5.25%, 8월에 6%까지 인상했
다(그림 2-6). 1년 남짓한 기간에 총 5번 모두 3.5%p의 정책금리 인상
이 있었다. 동시에 예금금리도 인상되었기 때문에(금리조정심의회의 심
의를 거쳐서 대장대신이 고시한다) 금융기관의 자금 조달 비용은 대폭 상
승했고 이를 반영하여 대출금리도 상승했다.

　이러한 금융 정책의 전환 속에서 주가는 1989년 말을 정점으로
1990년 큰 폭으로 떨어졌다(그림 2-1).

부동산 융자 규제 발동과 지가 버블 붕괴

한편 지가 버블은 금융 정책의 긴축 전환 이후에도 계속되었다. 국토교통성의 공시지가(매년 초의 가격, 전국 평균)를 보면 1989년 초부터 1990년 초까지 더욱 상승했고 1991년에 들어서야 하락세로 변했다.

이 하락(지가 버블의 붕괴)을 초래한 것은 1990년 3월에 대장성 은행국장이 전국의 금융기관에 보낸 '토지 관련 융자의 억제에 대하여'라는 통지였다. '부동산 대상의 융자 증가율을 총대출 증가율 이하로

그림 2 – 9. 업종별 대출 잔고의 전년 대비 상승률 추이

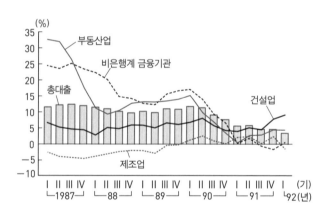

주1 | 대출 잔고는 전국은행은행감정+전국은행신탁감정
주2 | 각각의 대출 잔고는 제2지방은행협회 가맹 은행분을 소급해서 포함한다. 단 비은행계 금융기관 대상의 대출은 1990년 1~3월까지 제2지방은행협회 가맹 은행분을 포함하지 않는다
주3 | 비은행계 금융기관 대상의 대출 잔고는 기타 금융업+물품 임대업으로 산출
출처 | 경제기획청 '연차경제보고(1992년판)'

억제한다', '부동산업, 건설업, 비은행계 금융기관의 융자 실태 보고를 요청한다'는 내용을 담은 '행정지도'였다. 지가 버블의 배경에는 부동산업, 비은행계 금융기관(은행 이외의 금융기관으로 소비자 금융회사, 신용카드사, 주택금융전문회사 등) 대상의 융자 증가에 있었던 만큼(그림 2-9) 이들에 대한 융자가 규제됨에 따라 부동산시장에 미치는 영향이 컸다.

이 대장성의 행정지도는 1991년 12월에 해제되었는데 버블을 꺼뜨리는 데는 이것만으로도 충분했다. 한번 꺼진 거품은 쉽게 팽창하지 않았다. 이후 지가 하락은 2010년 초반까지 이어졌다.

3장

버블
붕괴
이후
7년
(1990-1997)

1990년대 초반에서 중반은 국내외적으로 격동의 시대였다. 1990년 동서독이 통일되었고 발트 3국은 독립을 선언했다. 중동에서는 이라크가 쿠웨이트를 침공하여 다음 해인 1991년 미국이 주도하는 다국적군이 이라크를 폭격했다. 그해 12월에는 고르바초프 대통령이 사임하며 구소련이 소멸했다. 일본에서는 1993년 7월의 총선거에서 신생당, 일본신당, 신당 사키가케 등의 신당이 약진하자 자민당이 과반수를 잃고 사회당도 분열하여 '55년 체제'가 붕괴했다. 8월에는 호소카와 모리히로·비자민 8당파 연립내각이 탄생했다. 1995년 1월에는 한신·아와지 대지진이, 3월에는 도쿄 지하철 사린 사건이 발생하여 천재와 인재가 잇따랐다. 경제의 변동을 보면 1990년 주가 버블 붕괴와 1991년 지가 버블 붕괴의 여파로 경기는 하강 국면에 진입(1991년 3월~)했다. 경제 면에서도 격변의 시기였다.

장기간에 걸친
경기 하강
국면

1990년 초에 주가 버블이 꺼져 주가가 대폭 하락했어도(닛케이 지수를 보면 1989년 말의 38,000엔대가 1990년 말에는 23,000엔대로 40% 가깝게 하락했다) 1990년 전반의 경제 활동 수준은 되려 높았고(그림 1 - 1 참조) 1990년의 GDP 실질성장률도 4.9%를 기록했다(그림 1 - 4).

경기가 하강 국면으로 진입한 것은 1991년 3월이었다(그림 1 - 1, 1 - 3).

하지만 하락세로 전환한 뒤의 낙폭은 컸고(그림 1 - 1) 기간 역시 길었다(1993년 10월까지의 32개월, 그림 1 - 3). 하강 기간이 32개월이었다는 것은 앞서 보았듯이 전후 일본 경제에 있어서 실질적으로 최장 기록이었다.

대형 경기 대책 실시 - 정책금리는 역사상 최저 수준으로

물론 정부가 이 시기 손을 놓고 마냥 경기 상황을 관망하고 있었던 것은 아니다.

그림 3-1. 버블 붕괴 불황 속에서 시행된 경제 대책 개요

	사업 규모	구체적 시책
긴급 경제 대책 1992년 3월 31일		1. 공공투자 시행 촉진(상반기 계약 빈도를 끌어올림) 2. 주택 건설 촉진(주택금융공고 융자 확대 등) 3. 민간 설비 투자 확대(전력, 가스 등 설비 투자의 추가 등)
종합 경제 대책 1992년 8월 28일	10조 7,000억 엔	1. 공공투자 확대 2. 공공사업 용지 선행 취득 3. 주택 건설 촉진(공고 융자 확대) 4. 중소기업 대책 5. 금융 시스템 안정성 확보 6. 증권시장 활성화 등
신종합 경제 대책 1993년 4월 13일	13조 2,280억 엔	1. 공공투자 시행 촉진 2. 공공투자 확대 3. 공공사업 용지 선행 취득 4. 주택 건설 촉진(공고 융자 등의 확대, 주택 감세)
긴급 경제 대책 1993년 9월 16일	약 6조 엔	1. 규제 완화 추진(94항목의 공적 규제 완화) 2. 엔고 차익 환원(공공요금 차익 환원) 3. 사회자본 정비 촉진
종합 경제 대책 1994년 2월 8일	15조 2,500억 엔	1. 감세 실시 등(소득세 · 주민세 감세 5조 4,700억 엔) 2. 공공투자 확대 3. 주택 건설 촉진 4. 토지 유효 이용 촉진
긴급 엔고 · 경제 대책 1995년 4월 14일	약 7조 엔	1. 내수 진흥책(95년도 추경예산 편성, 공공사업 등의 적극적 시행) 2. 규제 완화 조기 시행, 수입 촉진책 등 3. 엔고 차익 환원과 공공요금 인하 등 4. 경제 구조개혁 추진
경제 대책 1995년 9월 20일	14조 2,000억 엔	1. 공공투자 확대 2. 공공사업 용지 선행 취득 3. 간사이 대지진 복구 대책비 등 4. 우루과이 라운드 농업 합의 관련 대책 5. 규제 완화 심층 추진

격변하는 정국에서 내각은 미야자와 기이치 내각(1991년 11월~1993년 8월)과 호소카와 내각(1993년 8월~1994년 4월), 하타 쓰토무 내각(1994년 4월~6월), 무라야마 도미이치 내각(1994년 6월~1996년 1월)으로 바뀌었고 각 내각의 손에서 7번의 대형 경기 대책이 나왔다(그림 3-1). 개중에는 이미 경기가 회복 국면에 들어서고 난 다음의 것(그림 3-1의 아래 3개)도 있고, 사업 규모가 사회심리적인 영향을 고려하여 과대 포장된 경우도 많다. 하지만 경기 회복을 위해 많은 노력을 기울였다는 것은 부정할 수 없다.

이러한 정부 주도의 재정 대책과 함께 금융 정책 면에서도 수차례 대책이 나왔다. 일본은행은 정책금리를 1991년 7월에 6%에서 5.5%로 인하한 것을 시작으로 이후 8번에 걸쳐서 인하를 단행했다. 1995년 9월 이후에는 0.5%라는 역사상 최저치로 당시 외국에서도 유례를 찾아볼 수 없는 수준으로 인하되었다.

그림 3-2. 버블 발생과 팽창, 붕괴-경기에 미친 영향

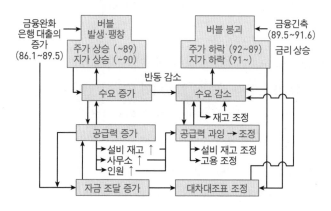

그럼에도 경기 하강 국면은 한없이 장기화되었다.

그 이유를 알아보기 위해 먼저 버블기와 버블 붕괴 이후에 일어난 사건을 정리해보자(그림 3 - 2).

버블기에 일어난 일

먼저 버블기다.

① 장기에 걸친 금융완화로 은행 대출이 증가했다.

② 주가와 지가의 버블이 발생하고 팽창했다. 버블의 발생과 팽창기를 1986년에서 1989년 사이로 보고 이 4년간의 주가와 지가의 증가액을 계산하면 주가는 567조 엔, 지가는 1,162조 엔이라는 값을 얻을 수 있다(그림 3 - 3). 당시의 국내총생산(GDP)은 연간 약 400조 엔이었다는 것을 고려했을 때 주가와 지가를 합치면 매년 GDP와 맞먹는 규모의 자산 가격 상승이 있었다는 결론이 나온다.

③ 물론 이 수치는 계산상의 증가액에 지나지 않는다. 하지만 이만큼의 자산 가격 상승이 있었다면 일부나 상당 부분은 수요 증가로 이어져 민간의 소비 지출과 주택 건설을 북돋았을 것이다.

④ 이러한 수요 증가에 대응하기 위해서는 공급자, 주로 기업의 공급력 향상이 필요했다. 설비 능력 인상, 사무실 확충, 인력 확보 등이 이루어졌다. 이것은 새로운 수요 증가로 이어졌다.

그림 3-3. 자산 가격의 연간 변동폭 추이

① 버블 시기(1985년~90년)   (단위 : 조 엔)

	85	86	87	88	89	90	버블 시기(86~89년) 누계
주가	34	121	75	177	194	△307	567
지가	73	251	452	165	294	226	1,162

② 버블 붕괴 후(1991년~99년)   (단위 : 조 엔)

	91	92	93	94	95	96	97	98	99	반동 불황기 (91~93년) 누계
주가	△34	△141	28	73	△2	△42	△41	△69	193	△126
지가	△194	△216	△95	△63	△88	△39	△44	△63	△91	△505

출처 | 내각부 '국민경제계산' ①은 SNA(국민경제계산체계) ②는 신 SNA를 따른다 △ 표시
　　는 하락

⑤ 투자를 위해서는 새로운 자본 조달이 필요한데 금융완화가 장
　　기화하고 은행의 적극적인 융자 태도가 유지되는 한 충분히 저
　　금리로 조달할 수 있었다.

⑥ 다시 이것이 주가와 지가 상승으로 이어졌다.

　이것이 버블기에 일어난 일이다. 버블 경기의 최전성기였던 1988
년의 GDP 실질성장률이 6.8%로 제1차 오일 쇼크 이후 최고가 된 것
도 이해할 수 있을 것이다.

반동 불황기에 일어난 일

다음은 버블 붕괴 이후에 일어난 일이다. 이번에는 버블기와는 전혀 다른 반대의 일이 일어났다(그림 3 – 3).

①주가와 지가의 대폭 하락(1991~1993년 3년간의 감소액은 합쳐서 631조 엔, 매년 GDP의 절반이 사라진 셈이다) ②그 영향으로 수요도 대폭 감소, ③일본 경제는 재고 조정, 설비 비용 조정, 고용 조정이 필요한 상황으로 빠져들었고, 동시에 ④은행 대출에 의존하여 주식과 토지를 구입한 기업의 대차대조표는 매우 악화되었다. 구입한 자산 가격은 크게 하락했지만 대출액, 상환액과 이자는 변하지 않아 상환 부담이 크게 늘어난 것이다. 대차대조표 불황, 복합 불황이라고도 불리는 불황이 동시에 발생한 것으로, ⑤전반적으로 경기 침체는 한층 심각해지고 침체 기간도 장기화했다.

이것이 버블의 붕괴와 함께 일어난 일이다.

엔고의 진행과 수입 급증

32개월간 지속된, 전후 실질적 최장 기간의 불황이 끝난 것은 1993년 10월이었다. 그해 11월부터 경기는 회복세로 돌아섰지만 종래의 회복기와 비교해서 회복은 지지부진했다. 1993년의 GDP 실질성장률은 마이너스 0.5%, 1994년은 1.0%에 불과했다. 경기의 상승과 하강 시점이 아닌 경제 활동의 수준(호황과 불황)의 시점에서 보면 1994년까지는 아직 불황의 시대였다.

버블 붕괴 이후 '장기 불황'이 이어졌다는 세간의 인식은 1993년
부터 시작된 경기 회복의 탄력이 약했다는 사실도 반영하고 있었다.

이 회복력이 약한 데는 나름의 이유가 있었다. 엔화 가치의 급상승
과 그로 인한 수입의 급증이었다.

달러 대비 엔의 환율에서 버블 초기에는 급속히 엔고가 진행되었
지만, 1987년 이후부터 1990년까지는 거의 1달러에 130~145엔
으로 움직이고 있었다(그림 3-4). 그러던 것이 버블 붕괴 이후, 즉
1991년 이후 엔화 강세가 시작되어 1990년 1달러 144엔이었던 것
이 1995년 90엔대로 진입했다.

그림 3-4. 달러/엔 환율과 일본 무역수지 추이

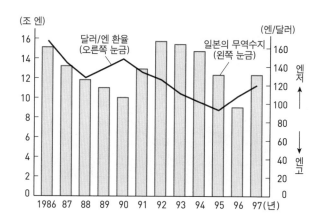

주 | 달러/엔 환율은 연평균
출처 | 내각부 '연차경제보고(2018년판)'

버블 붕괴 이후 엔화 가치 상승이 나타난 것은 얼핏 보면 기이한 현상으로 보이지만 나름의 이유가 있었다. 경기 침체와 함께 일본의 수입은 대폭 감소했고 무역수지 흑자가 증가했다. 1990년에 10조 엔이었던 것이 1992년에 15.7조 엔으로, 1993년에는 25.4조 엔으로 어마어마한 흑자가 이어졌다.

그리고 이렇게 진행된 엔고 상황에서 수출은 1993년을 제외하면 큰 영향을 받지 않았으나 수입이 크게 늘어(전년 대비 실질 증가액을 보면 1994년에 8%, 1995년에 13%, 1996년에 11%가 증가했다) GDP 실질성장률이 떨어졌다(그림 3 - 5).

또한 버블 붕괴 후의 GDP 실질성장률의 추이와 각 수요 항목의 성장 기여도를 정리한 '그림 3 - 5'를 보면 이 시기 일본 경제의 추이를 확연히 알 수 있다.

그림 3-5. GDP 실질성장률과 기여도 추이 ①

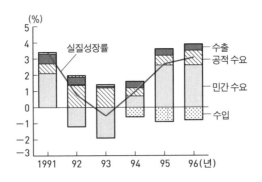

출처 | 내각부 '국민경제계산'

① 버블 붕괴 후 일본의 경기는 1991년 3월부터 하강 국면에 들어섰다. 그러나 1991년 GDP 실질성장률은 3.4%로 꽤나 높았다. 국내 민간 수요의 성장 기여도는 2%로 경기를 강하게 지탱하고 있었다.

② 그러던 것이 1992년에 들어서자 민간 수요의 성장 기여도는 마이너스로 돌아섰다. 민간 소비 지출과 주택 건설이 하락했기 때문이다. 이러한 민간 수요 하락 속에서도 경제가 0.8% 성장할 수 있었던 것은 정책당국의 경기부양 정책으로 공공투자 등의 정부 부문의 수요가 늘어났기 때문이다.

③ 1993년에 들어서자 민간 수요는 더욱 하락했다(기여도 −1.8%). 1992년 그나마 전년 대비 플러스를 기록했던 기업의 설비 투자와 재고 투자마저 1993년에는 마이너스로 돌아섰다. 민간 수요의 하락을 메운 것은 이때도 정부 부문의 수요였다. 그러나 민간 수요의 하락을 메우기는 역부족이었고 그해의 GDP 실질성장률은 마이너스 0.5%였다(제1차 오일 쇼크가 닥쳤던 1974년 이후 전후 일본 경제의 두 번째 마이너스 성장).

④ 단 경기동행지수를 보면 경기는 1993년 10월에 바닥을 찍고 11월부터 회복세로 돌아서기 시작했다(그림 1 – 1, 1 – 3 참조).

⑤ 1994년은 경기 회복의 해였다. 민간 수요 기여도는 적으나마 플러스가 되었다(민간 소비와 주택 건설은 전년 대비 플러스, 기업의 설비 투자는 계속 마이너스. 재고 투자는 보합). 정부 부문의 수요는 계속해서 플러스였다. 그러나 엔고를 반영하여 수입의 증가가 GDP 통계상으로는 마이너스 기여가 되어 경기 회복의 발

목을 잡고 있었다. 1994년의 GDP 실질성장률은 1.0%였다. 경기 회복 첫해치고는 낮은 성장률을 기록했는데, 경제 활동의 수준이라는 시점에서 보면 경기 침체 상태에서 벗어나지 못한 상황이었다.

⑥ 1995년 연초에는 한신·아와지 대지진(고베 대지진)이라는 충격이 있었지만, 경기 회복 초기의 원동력으로 이를 극복하여 민간 수요 기여도는 전년보다 증가했다. 정부 부문의 수요도 증가했다. 그러나 계속되는 엔고로 수입이 계속 늘어나 GDP 실질성장률의 증가를 억눌러 성장률은 2.7%에 그쳤다.

⑦ 1996년은 전년과 같은 상황이 계속되었다. GDP 실질성장률은 3.1%였다.

1993년 11월 이후
그래도 경기는
회복세였다

앞에서 버블이 붕괴하고 경기가 침체되기 시작한 해부터 차례로 매년의 경과를 살펴봤다. 다시 확인하면 1994년 이후 경기 흐름이 확실하게 변했으며 경기는 어찌됐든 회복세로 돌아섰다.

특히 1997년은 1996년 이상으로 경제성장률이 높아질 것이라는 예상이 지배적이었기에 경기 회복이 이제 본격화될 것이라는 희망이 부풀어오른 해였다.

1997년은 더욱 회복이 기대되는 해였다

1997년에는 경기 회복을 가속하는 요인이 있었다.

첫 번째는 엔고의 진행이 1995년의 1달러 100엔이 무너진 것을 계기로 멈추고 1996년부터 엔저로 복귀한 것이다(그림 3 - 4). 이 흐름으로 더욱 엔저가 계속되면(실제로도 계속되어 달러에 대한 엔 환율은 1996년 108엔에서 1997년 120엔이 되었다) 1997년의 수출은 증가하고, 수입은 억제되어 GDP 실질성장률을 높이는 힘으로 작용했을 것이다.

그림 3-6. 소비가 다시 확대될 가능성이 있었던 1997년

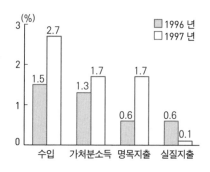

주 | 근로자 세대 평균의 전년 대비 상승률
출처 | 안베 유키오 '구조개혁이라는 환상'

　두 번째는 민간 수요의 증가도 1997년이 1996년에 비해 상승 가
능성이 있었다. 그 하나는 민간 소비 지출이다. 소비의 밑천이 되는 소
득에 있어서 1997년의 노동자 세대의 수입과 가처분소득의 증가율은
1996년을 상회했다(그림 3 - 6). 이런 소득 면에서의 변동으로 볼 때
1997년의 민간 소비 지출의 증가는 1996년을 상회할 가능성이 컸다
(사실 결과적으로도 명목소비의 증가는 1996년보다 높았다). 이 점도 1997
년의 GDP 실질성장률을 높이는 힘으로 작용했을 것이다.

　그리고 소비를 봐도 버블기에 폭증했던 대형 소매점의 판매액과
신차 등록 대수의 동향이 1994년과 1995년경 종래의 추세선상으로
돌아와 1995년과 1996년에는 종래의 추세대로 증가했다(그림 3 - 7).
이 선의 연장선상에 1997년의 대형 소매점 판매액과 신차 등록 대

그림 3-7. 버블 시기의 수요 증가와 이후의 감소

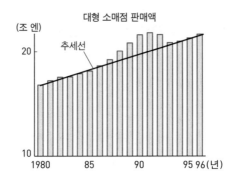

대형 소매점 판매액

(조 엔)

추세선

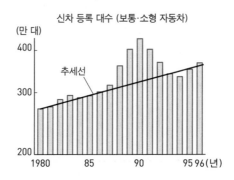

신차 등록 대수 (보통·소형 자동차)

(만 대)

추세선

주 | 대형 소매점 판매액은 1995년 가격(소비자물가로 실질화한 것)
출처 | 얀베 유키오 '가짜 위기, 진짜 위기'

수의 수치가 오는 것은 매우 자연스러운 일로 여겨지는 상황이었다.

다른 하나는 기업의 재고 투자와 설비 투자다. 과잉 재고 조정은 1994년에 마무리되었고 재고 투자는 1995년과 1996년이 전년보다 적으나마 증가 추세였다. 과잉 설비 조정 역시 1992년부터 1994년까지 실질 설비 투자가 전년 대비 마이너스로 되는 등의 조정 기간을 거쳐 1995년과 1996년에는 전년 대비 플러스로 전환되었다. 1997년의 수출과 민간 소비 지출 등 수요 증가가 견실하다면 1997년의 기업 투자 증가는 1996년을 상회할 것으로 기대되었다.

이런 이유로 1993년 11월에 시작된 일본 경제의 경기 회복은 1997년에도 이어질 뿐 아니라 본격화될 터였다.

하지만 현실은 '그럴 터였다'가 아니었다. 경기 흐름은 1997년 6월에 격변하여 하강 국면으로 진입했다.

어째서인지, 무엇이 일어났는지는 4장에서 살펴본다.

금융 파탄의 발생과
높아지는
위기 의식

1990년대 초반부터 중반에 걸쳐 일본에서는 경기 회복 외에도 두 가지 지나칠 수 없는 큰 동향이 있었다. 하나는 1990년대의 버블 붕괴 속에서 금융기관의 융자가 불량채권화되어 회수 불능이 되었는데, 특히 중소 금융기관의 경영 파탄이 발생한 것이다. 다른 하나는 일본 경제의 앞날에 위기 의식이 점점 부각된 것이다.

불량채권 총액 40조 엔, 경영 파탄에 이른 금융기관도

버블 붕괴, 특히 그와 동반한 지가의 대폭 하락이라는 상황에서 버블기에 적극적으로 부동산 관련 융자를 확대한 많은 금융기관은 고액의 불량채권(회수를 기대할 수 없는 융자 및 회수 기대가 어려운 융자 등)을 떠안았다.

1992년 4월에 대장성이 공표한 불량채권의 총액은 8조 엔, 그중 담보나 보증이 없는 금액은 3조 엔이었다(1992년 3월 말에 6개월 이상 지불이 정지된 연체 채권의 원금. 대상은 도시은행, 장기신용은행, 신탁은행의 21개).

대상 금융기관을 주요 21개 은행이 아닌 지방은행 외 농협과 신용금고에 이르기까지 모든 예금기관으로 확대하여 불량채권의 정의를 확장한(파산 채권, 연체 채권뿐 아니라 금리감면 채권 등도 포함하는) 불량채권의 총액은 1995년 9월 말 38조 엔으로 재공표되었다.

그리고 1990년대 중반에는 파산에 다다른 금융기관도 몇 군데 나왔다. 1994년의 도쿄쿄와신용조합과 안젠신용조합, 1995년의 코스모신용조합(도내 최대 신용조합), 기즈신용조합, 효고은행 등이다.

이 가운데 1994년의 도쿄쿄와신용조합과 안젠신용조합은 인수은행으로 설립된 도쿄쿄도은행(대장성과 일본은행이 협의하여 일본은행과 민간 금융기관이 출자해서 설립)이 자산과 부채를 인수받아 불량채권은 매각하는 형태로 처리했고, 1995년의 코스모신용조합도 도쿄쿄도은행이 인수했다. 기즈신용조합의 경우는 채무 초과액이 거액이어서 도쿄쿄도은행이 감당할 수 없다고 판단하여 이를 개조한 정리회수은행(현재 정리회수기구)을 만들어 인수하게 했다. 또한 효고은행은 지역과 금융계의 협력을 얻어 새롭게 인수 은행으로 미도리은행을 설립하여 업무를 계승했다. 이처럼 각각의 결정에 이르기까지 우여곡절은 있었지만 모두 결착을 보았다. 이 과정에서 코스모신용조합 파산 당시에는 예금자가 창구에 쇄도하는 등의 소동도 일시적으로 일어나기도 했다.

뒤를 이어 1995년과 1996년에는 '주택금융전문회사(주전) 문제'가 발생했다.

'주전 문제'의 발생과 그 처리

주택금융전문회사(주전)는 1970년대 주택 자금 수요가 왕성해짐에 따라 대장성 주도로 각 금융기관이 출자하여 설립한 주택 금융 전문 비은행계 금융기관이다(그림 3-8). 주전의 주된 역할은 모체인 금융기관에서 융자를 받아 개인에게 주택 대출을 제공하는 것이었다. 1970년대는 아직 기업의 자금 수요가 왕성하던 시대로, 규모도 작은데다 기간도 긴 개인 대상 주택 대출에 눈을 돌릴 여유가 당시의 은행에게는 없었다. 그러한 시대에 주전은 나름의 역할을 다해왔다.

그림 3-8. 주택금융전문회사 7사의 개요

회사명	설립일	주요 대주주
일본주택금융(주)	71년 6월	사쿠라은행, 산와은행, 미쓰이신탁은행, 도요신탁은행, 홋카이도타쿠쇼쿠은행, 아사히은행 등
(주)주택론서비스	71년 9월	다이이치칸쿄은행, 후지은행, 미쓰비시은행, 아사히은행, 도카이은행, 일본장기신용은행 등
(주)주총	71년 10월	7개 신탁은행
종합주금(주)	72년 7월	도쿄소와은행, 아이치은행, 나고야은행, 긴키은행, 일본장기신용은행, 일본흥업은행, 일본채권신용은행 등
일본하우징그룹(주)	76년 6월	일본흥업은행, 일본채권신용은행, 다이와증권, 닛코증권, 야마이치증권 등
제일주택금융(주)	76년 6월	노무라토지건물, 일본LANDIC, 노무라증권, 일본장기신용은행 등
지방은행생명보험주택론(주)	76년 6월	니혼생명, 다이이치생명, 스미토모생명, 아사히생명, 메이지생명, 시즈오카은행, 호쿠리쿠은행 등

1980년대 들어서면서 경제성장이 둔화되고, 증권시장의 발달로 기업이 주식과 증권을 발행하는 등 직접 자금을 조달하는 방안이 확대됨에 따라 은행의 기업 융자 페이스는 둔화되었다. 이에 따라 은행은 상대적으로 높은 금리 수입이 기대되는 개인 대상 주택 대출시장으로 눈을 돌렸고 대출 확대에 힘을 기울였다. 결과적으로 주전의 개인 대상 주택 대출시장 점유율이 점점 줄어들었다.

　　그러자 주전은 가계를 대상으로 한 부동산 담보대출 대신 부동산 업계로 융자를 확대해갔다. 이 흐름에 제동을 건 것이 1990년 3월에 시행된 금융기관에 대한 '부동산 융자 규제(행정지도)'였다(2장 참고).

　　대장성의 '행정지도'는 ①금융기관에게 ②부동산업 대상 융자(부동산업, 건설업, 비은행계 금융기관에 대한 융자)를 규제하는 내용을 담고 있었다. 하지만 ①의 금융기관 중에는 농림계 금융기관이 들어가 있지 않았으며, ②의 비은행계 금융기관 중에는 주전이 들어가 있지 않았다는 문제가 있었다.

　　결과적으로 이 '행정지도'의 발동 이후 ①농림계 금융기관에서 ② 주전으로 대량의 자금이 유통되었고, 다시 주전에서 부동산업계로 대출되는 일이 발생했다. 때는 이미 지가 버블 말기(지가는 상당히 고액이 되어 있었다)였다. 그리고 얼마 안 있어 지가 버블이 붕괴했다. 이 시기 주전의 부동산 융자 대다수가 불량채권이 된 것은 의심할 여지도 없다.

　　주전 7사의 손실 합계는 6.4조 엔으로 추계되었는데, 문제는 그 손실을 어디에 부담시키느냐였다. 발상으로는 주전에게 출자한 모체 은행에 부담시키거나 빌려준 쪽(모체 은행을 포함한 빌려준 쪽)에게 부담시킨다는 두 가지 안이 있었다. 최종적으로는 '수정모체은행주의'라는 형태로 모체 은행과 일반 은행(빌려준 쪽), 농림계 금융기관이 부담하게 되었다.

구체적으로는 모체 은행 3.5조 엔, 일반 은행 1.7조 엔, 농림계 금융기관 5,300억 엔(부담 능력의 한계로 정해진 금액), 농림계의 부담 능력을 뛰어넘은 6,850억 엔은 공적자금을 투입하는 안이 내각 회의에서 결정되었다. 1995년 12월의 일이었다. 또한 주전 7사는 실질적으로 도산시켜 없애고, '주택금융채권관리기구'를 신설하여 주전 7사의 채권 처리를 맡긴다는 것도 결정되었다. 이 처리 방법을 심의한 1996년의 '주전 국회'에서는 공적자금의 투입을 둘러싼 반대론이 강했으나 최종적으로 이 안이 결정되었다.

'주전 처리'에 공적자금을 투입한 데 대한 강한 비판은 1997년의 '금융위기' 당시 정부의 늑장 대응을 불러왔다(1997년의 금융위기는 다음 장에서 설명한다).

국가 재정의 위기 의식 고조

두 번째 일본 경제의 위기 의식 고조는 크게 두 가지로 나눌 수 있다. 하나는 일본 재정 위기 가능성 대두, 다른 하나는 일본 경제 구조의 위기 의식 고조였다.

버블 시기의 재정 적자는 관심 밖의 일이었다. 미국의 강한 요구로 공공투자가 확대되어 정부 지출은 급속도록 증가했지만, 이를 메울 정도의 세수 증가로 재정 적자는 오히려 축소되었기 때문이다(그림 3-9).
버블 붕괴 직후라고 해야 할 1991년판(1991년 8월 내각 회의 제출)의
경제기획청 '연차경제보고(경제백서)'에는 '1990년의 재정 동향을 보
면 특례공채(재정 적자를 메우기 위한 특례법을 제정하여 그에 따라 발행되
는 국채) 의존에서 탈출하는 등 재정 재건이 착실하게 진행되고 있다'
고 기술되어 있다.

'경제백서'의 재정 관련 기술을 보면 1995년판까지는 공공투자의
경기부양 효과가 중심이었는데, 1996년판(1996년 7월 내각 회의 제출)
부터 매년 재정적자 확대, 그 결과 국채 발행 잔고 증가, GDP 대비 비

그림 3-9. 국가 일반회계에서의 세입, 세출 상황

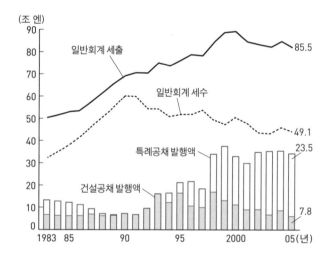

출처 | 재무성 '일본의 적자를 생각한다(2006)'

율 상승 등이 언급되었다. 단 맺음말은 '정부 국채가 누적된 결과 장기적으로는 경제에 마이너스 영향을 미칠 가능성도 있으며, 향후 재정 구조개혁과 경제 구조개혁을 추진하지 않으면 다양한 사태에 빠질 우려가 있다고 명기해야 한다'라고 비교적 온건하게 기술되었다.

재정 적자 확대에 냉정한 태도를 견지한 경제기획청과 달리 강한 위기 의식을 보인 곳은 재정 담당 관청인 대장성이었다. 버블 붕괴 이후 ①대폭적인 세수 하락, ②불황의 대책으로 내놓은 공공사업 확대에 의한 세출 증가, ③결과적으로 매년 재정 적자 확대와 공채 발행액의 증가(그림 3-9)를 눈앞에 두고 당연한 상황이었는지도 모른다.

1995년 11월에는 다케무라 마사요시 대장대신(무라야마 내각)에 의한 '재정 위기 선언', 1996년 2월에는 대장대신의 자문기관인 재정제도심의회에 '재정구조개혁특별부회(위원장 이시 히로미츠 히토쓰바시 대학 교수)' 설치, 1996년 7월에는 재정제도심의회 특별위원회의 '중간보고'를 공표하는 등 대응을 진행하고 있었다. 한편으로 대장대신을 사임한 다케무라 명의로 논문 '이대로는 나라가 망한다: 나의 재정 재건론(〈중앙공론〉 1996년 6월호)'과 앞의 위원회의 '중간보고'를 일반인 대상으로 쉽게 풀어 쓴 책자 '재정 구조개혁을 생각한다: 밝은 미래를 아이들에게'를 발행하기도(1996년 7월) 했다.

이러한 재정 위기 의식은 점점 많은 사람의 가슴에도 침투했다(그림 3-10).

그림 3-10. 국가 재정에 대한 국민 의식

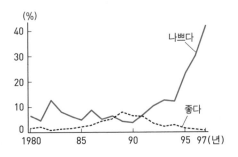

주1 | 좋다-일본이 좋은 방향으로 나아가고 있다고 응답하고 국가 재정을 좋은 점이라고 답한
     사람(복수 응답)의 비율
주2 | 나쁘다-일본이 나쁜 방향으로 나아가고 있다고 응답하고 국가 재정을 나쁜 점이라고 답
     한 사람(복수 응답)의 비율
출처 | 경제기획청 '연차경제보고(1998년판)'

일본 경제 구조에 위기 의식 고조

'세계화의 진전과 격심한 환경 변화에 일본 경제가 못 따라가고 있다. 위기다. 앞날이 어둡다. 구조개혁이 필요하다'는 말들이 나오기 시작했고, 이 말들은 버블 붕괴 이후 경기 하강이 진행되어 일본 경제의 침체가 장기화하던 때에 힘을 얻기 시작했다.

먼저 '일본 경제의 구조 자체에 문제가 있다. 아무리 경기 대책을 세워도 효과가 없다. 구조를 바꾸지 않는 한 일본 경제는 침체 상태에서 벗어날 수 없다'는 '구조 위기설'이 등장했다. 그 뒤를 이어 엔고가 진행되어 제품 수입이 늘어나는 가운데 일본 경제(제조업)가 공동화된다는 '공동화 위기설'이 등장했다. 거의 동시에 높아진 엔 시세를 기반으로 환산하면 일본 경제는 타국에 비해 원가가 높아(전력 가격, 서비스 가격) 이래서는 국제 경쟁에서 뒤처지고 말 것이라는 '고원가 위기설(내외가격차설)'도 등장했다.

이러한 일본 경제위기설은 정부와 민간 경제학자들과 신문과 잡지 등에 의해 빈번하게 논해졌다. 다들 비슷한 논조였기 때문에 여기서는 정부의 의견을 살펴보자.

먼저 정부의 장기 경제 계획이다.

1955년에 책정된 '경제자립5개년계획(1956~1960년)'을 시작으로 '신장기경제계획(1958~1962년)', '국민소득배증계획(1961~1970년)'이라는 형태로 정부는 수년마다 계획 기간이 거의 5년인 장기 계획을 책정하여 일본 경제의 방향을 제시해왔다.

버블 붕괴 이후를 보면 1992년에 책정된 '생활대국5개년계획(1992~1996년, 미야자와 내각)'이 있었다. 그 말에서 엿볼 수 있듯이 이 계획은 '생활자와 소비자를 중시하는 시점에서 경제사회의 총점검'이 필요하다는 것으로, 얼마 뒤에 정부가 사용하기 시작한 '구조개혁'이라는 단어와는 의미하는 바가 완전히 달라 위기 의식은 그다지 느껴지지 않았다.

이것이 돌연 변한 것은 1995년의 '구조개혁을 위한 경제사회 계획(1995~2000년, 무라야마 내각)'에서였다. 여기서는 정책 운영의 기본 방향으로 '나라 안팎에서 생기고 있는 많은 조류의 변화는 … 우리나라의 변혁을 재촉하고 있다. 그러나 현재 우리나라의 경제사회 구조는 이러한 조류 변화에 대응하지 못하고 있고 오히려 새로운 발전에 따라가지 못하고 있는 면도 있다'며 '구조개혁 없이는 ⋯ 우리나라의 중장기적 발전을 개척해 나갈 수 없다'고 논하고 있다. 특히 '자기 책임 아래 자유로운 개인 및 기업의 창조력이 충분히 발휘되도록 하는 것이 중요하다'며 '시장 메커니즘이 충분히 작동하도록 규제 완화와 경쟁을 저해하는 관행의 시정'을 제창하고 있다. 신자유주의 경제 정책의 장려였다.

또 하나 당시의 정부 논조의 예를 들어보자.

경제기획청의 '연차경제보고(1996년판)'이다. 서두에 있는 '총론'의 '맺음말'에 기재된 문장을 발췌했다.

> 전후 50년을 맞이한 일본 경제는 지금 역사적인 구조조정기에 있다. ⋯ 확실한 것은 지금까지의 경제 구조와 시스템, 경제 정책의 체계에 변속이 불가피하다는 것이다. 지금까지의 경제사회의 구조와 시스템에 매달려서는 일본 경제의 미래는 없다. ⋯
>
> 자기 책임 원칙을 철저히 지켜 시장경제를 다루는 투명한 규칙과 인센티브 메커니즘을 만들어야 한다. 리스크를 두려워해서는 일본 경제의 앞날은 없다. 리스크와 함께 살아갈 각오야말로 일본 경제 활력의 부활의 길이다.

번잡하기 때문에 인용은 안 하지만 이 '연차경제보고'에는 'Japan as Number One'이라고 칭찬받은 일본 경제의 장점과 전후 발전을 지탱한 모든 강점(미국이 교훈으로 삼아야 한다고 한 그 특질)을 '거기에 매달려서는 일본 경제의 미래는 없다'고 잘라내 버린 것이다.

일본의 재정과 경제의 심각한 위기 의식 속에서 정부가 전개한 정책과 그것이 어떤 효과와 결과를 초래했는지는 다음 장에서 살펴본다.

4장

하시모토
'구조개혁' 정책의
실시와
파탄
(1997-2000)

1997년은 이상한 분위기 속에서 막을 올렸다. 1997년 1월 1일 〈일본경제신문〉의 서두를 장식한 것은 '다음 세대에게 고함-2020년에서 온 경종'이라는 타이틀의 첫 연재 기사였다.

제목을 보자. '진전 없는 개혁, 빨라지는 고령화', '세계로부터의 고립, 개인은 고독.' 기사 속의 소제목은 '번영이 일변하여 기업은 쇠퇴', '19세기 말의 영국과 흡사', '도쿄에는 짙은 그림자가 감돈다' 등 어두운 문구가 이어진다. 같은 1면에는 그 외에도 관련 기사가 있는데 거기서도 '2020년 이렇게 된다-경제는 암울, 활력은 부족', '닛케이2020년위원회 발족-파국을 모면하기 위한 학자들의 제언'과 같은 냉엄한 제목이 이어졌다.

서두 기사의 본문 첫머리는 다음과 같다. '젊은 사람과 가족끼리 즐거운 마음으로 해외여행을 떠나는 새해가 밝았다. 평안함을 비는 정월 첫 참배 풍경은 여느 때와 같지만 그 발밑에서 일본은 조용히 파국의 길을 걷고 있다. 경제 침체가 이어져 일본은 산업혁명 이래 전환기에 들어선 세계를 따라가기도 벅차다. 전후를 지탱해온 시스템은 그 기능을 잃었다. 개혁하지 않으면 고령화가 진행되고 저출산으로 인구도 줄어드는 2020년에 후대 세대는 사라져가는 일본을 본다. 미래에서 이런 경종이 울리고 있다.'

이러한 조간신문이 배달되는 그 무렵 서점 진열대에는 '세기말 일본 경제'라고 대서특필되어 '불량채권 지옥', '융해하는 일본 경제사회', '일본을 둘러싼 세계의 위기'라는 문구가 적힌 〈주간 이코노미스트〉가 진열되어 있었다.

일본을 대표하는 경제지가 일본 경제의 위기를 소리 높여 외치며 1997년의 일본 경제가 시작되었다.

그리고 1월 3일 도요타 쇼이치로 일본경제단체연합회(경단련) 회장이 '우리나라는 지금 중대한 기로에 서 있다. … 지금의 상황을 방치한다면 일본 경제는 파국으로 치닫고 21세기에는 세계의 번영에서 뒤처질 것이다'라는 연초 담화를 발표했다. 얼마 지나지 않아 1월 9일 이번에는 일본 경제동우회가 '일본 경제의 지반은 시시각각 침수되고 있으며, 이를 방치한다면 파국을 맞이할 것이다'라는 위기감을 표명했다('21세기로의 행동 계획'). 경제지가 드러낸 위기 의식은 재계에도 공유되고 있었던 것이다.

하시모토
내각의
6개 개혁

당시의 내각은 1996년 11월에 발족한 제2차 하시모토 내각이었다. 호소카와 내각, 하타 내각에 이은 비자민·비공산 연립내각의 시대는 1994년 6월에 끝났고 이후 자민당, 사회당, 신당 사키가케의 3당이 연립하여 무라야마 내각이 발족했다. 1996년 1월에는 무라야마 수상이 사퇴함으로써 3당 연립에 의해 하시모토 내각이 그 자리를 차지했다. 그리고 1996년 10월의 총선거에서는 사회민주당(1996년 1월에 일본 사회당이 당명 변경)과 신당 사키가케가 참패함으로써 내각에서 이탈하고 제2차 하시모토 내각이 발족했다. 그동안 내각은 눈이 돌아갈 정도로 어지러이 교체되고 있었다. 제2차 하시모토 내각은 실로 오랜만에 등장한 자민당 단독 내각이었다.

이 하시모토 수상이 1997년 1월의 국회 시정 방침 연설에서 호언장담한 것이 바로 '6개 개혁'이었다. '재정 구조개혁', '교육 개혁', '사회보장 구조개혁', '경제 구조개혁', '금융시스템 개혁', '행정 개혁'의 6개 개혁으로, 전년 11월의 제2차 하시모토 내각 발족 당시 '5개 개혁'이라고 발표한 것에 '교육 개혁'을 추가한 것이었다.

1997년 1월 시정 방침 연설에서 하시모토 수상은 다음과 같이 정책 방향을 밝혔다.

> 세계가 일체화되어 사람, 물건, 자금, 정보가 자유로이 이동하는 시대에 현재의 시스템이 오히려 우리나라의 활력 있는 발전을 저해한다는 것은 분명합니다. 따라서 우리는 세계의 조류를 선도하는 경제사회 시스템을 하루빨리 창조해야 합니다. 사회에 깊이 뿌리박힌 시스템을 바꾸는 데는 큰 어려움이 따릅니다. 게다가 이 시스템은 상호 밀접한 관련을 맺고 있습니다. 제가 행정, 재정, 사회보장, 경제, 금융시스템에 교육을 추가하여 6개 개혁을 일체적으로 단행해야 한다고 말씀드리는 것은 실로 이런 까닭입니다.

'6개 개혁' 중에서 경제에 직접적인 영향을 미치는 것을 구체적으로 살펴보자.

① 재정 구조개혁은 2003년까지 국가와 지방의 재정 적자 대비 GDP 비율을 3% 이하로 낮춰 공적채무 잔고 대비 GDP 비율이 상승하지 않는 재정 체질을 실현하겠다는 것 등을 목표로, 세출 전반을 성역 없이 재검토하겠다는 것.

② 사회보장 구조개혁은 의료, 연금, 복지 등에 있어서 급부와 부담의 균형을 맞춰 경제 활동과 양립할 수 있는 서비스의 선택 및 민간 활력의 발휘라는 개념을 기반으로 효율적이고 안정적인 사회보장제도를 확립하겠다는 것.

③ 경제 구조개혁은 신규 산업의 창출에 이바지하도록 자금, 인재,

기술 등의 면에서 환경 정비를 하고, 특단의 규제 완화로 물류, 에너지, 정보통신, 금융의 고비용 구조를 시정하겠다는 것 외에 기업과 노동을 둘러싼 제도 개혁을 통해 자국의 산업 환경을 국제적으로 매력 있게 보이게 만드는 개혁에 몰두하겠다는 것.

④ 금융시스템 개혁은 자국의 금융시장이 뉴욕, 런던에 이은 국제 시장으로 재탄생하는 것을 목표로 금융 행정의 전환, 시장 자체의 구조개혁을 도모하겠다는 것. 금융시장은 Free(시장 원리가 작동하는 자유로운 시장으로), Fair(투명하고 신뢰할 수 있는 시장으로), Global(국제화 시대를 선도하는 시장으로)의 3원칙에 의해 개혁을 진행하겠다는 것.

개혁이
불러온
경기 침체

이러한 '6개 개혁' 속에서 일본 경제는 어떻게 되었을까.

먼저 경기 동향을 보자(그림 1 - 1, 1 - 3).

1993년 11월부터 상승하기 시작한 경기는 아직 충분히 회복하지 못한 채로 1997년 5월을 정점으로 다시 내려가기 시작했다. GDP 실질성장률을 보면 1996년에는 3.1%까지 상승했지만 1997년 1.1%로 하락했다(그림 4 - 1). 앞에서 1997년은 1996년을 웃도는 성장이 기대되는 상황이었음을 확인한 바 있다(3장). 그런데 그렇지 못하고 반대로 1997년의 실질성장률은 1996년을 밑돌고 말았다. 왜일까? 무슨 일이 일어난 것인가? 1996년과 1997년의 경제성장의 기여도를 수요 항목별로 비교해보자(그림 4 - 1).

먼저 눈에 띄는 것은 민간 수요의 기여도 저하다(1996년 2.6%가 1997년 0.5%로 2.1%p나 내려갔다). 내역을 보면 민간 소비 지출과 주택 건설의 기여도 저하가 컸다(1997년은 1996년 대비 1.6%p 떨어졌다). 이것은 '경제 구조개혁'의 일환으로써 ①소득 면에서는 전년도까지 실시된 소득세·지방자치세의 특별 감세 폐지에 따른 소득 감소와 ②1997년 4월부터 실시된 소비세율 인상(3% → 5%)의 영향을 받았다.

그림 4-1. GDP 실질성장률과 기여도 추이 ②

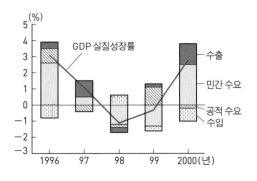

출처 | 내각부 '국민경제계산'

　게다가 공공 부문 수요도 1996년의 플러스 기여도(0.9%)에서 1997
년에는 마이너스 기여도(−0.4%)로 크게 떨어졌다. 이것도 '재정 구조
개혁'에 따른 세출 억제, 특히 공적 투자 삭감의 영향이었다.

　1997년 6월에 시작된 경기 침체는 '재정 구조개혁'이라는 '개혁이
불러온 경기 침체'라고 볼 수밖에 없다.

아시아 통화위기 발생

하시모토 내각이 불운했던 것은 이러한 경기 침체가 시작된 마침 그때
1997년 7월 아시아 통화위기가 발생한 데 있다.

　1990년대 전반 태국, 말레이시아, 인도네시아, 한국 등의 아시아

국가는 국내 옵션시장을 개설하는 등 외국 자본을 받아들여 경제성장을 가속해왔다. 그 외국 자본이 투자 대상국의 사소한 경제 변동(구체적으로는 태국의 무역수지 적자 확대)을 계기로 태국은 물론 그 외 국가에서도 유출되었던 것이다. 경제의 변동이 태국 한 나라에만 그치지 않고 다른 아시아 국가도 같은 상황에 놓인 것으로 보였기 때문이다.

이렇게 한 나라에서 시작된 외국 자본의 유출은 다른 나라로 불똥이 튀어 결과적으로 아시아 국가의 통화는 크게 하락했다. 이후에 찾아온 것은 강한 인플레이션의 발생과 경제와 정치의 혼란 상태였다. 마침내 태국, 인도네시아, 한국 세 나라는 IMF(국제통화기금)의 지원을 받아서 경제 재건을 도모할 수밖에 없었고 IMF가 주도하는 신자유주의 정책이 실시되었다.

아시아 통화위기의 발생 이전에 이미 경기 하강 국면으로 들어선 일본 경제는 1997년 후반부터 수출 감소 충격을 고스란히 받을 수밖에 없었다.

주가 하락, 그리고 '금융위기'로

이러한 상황에서 다시금 새로운 시련이 일본 경제를 엄습했다. 주가가 다시 하락한 것이다.

닛케이 지수의 주가 변동을 보면 1989년 말의 39,000엔 선에서 1992년 말의 17,000엔 선으로 큰 낙폭을 보인 주가는 이후 경기 회복 여파로 1994년 말 20,000엔 선까지 회복하는 데 성공했다. 이후

1996년 말의 19,000엔 선에서 3년간 소강 상태에 머물렀다. 그러나 아시아 외환위기가 발생한 1997년 말에는 15,000엔 선, 1998년 말에는 13,000엔 선으로 크게 하락했다(그림 4 - 2).

그리고 ①경기 침체와 ②주가 재하락 상황에서 '금융위기'가 발생하자 많은 금융기관의 대출 거부 현상으로 다시 경기는 침체되었다.

그림 4-2. 일본 닛케이 지수 추이(1989-2000)

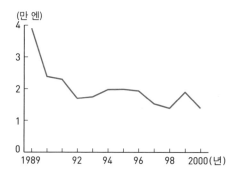

주 | 각 연말치

금융위기
발생과
대출 거부

금융위기 발생

1997년 연초부터 주가 하락이 계속되었는데 특히 눈에 띈 것은 은행 주의 하락이었다. 동시에 채권시장에서 금융채의 이율 상승(가격 하락)이 이어졌다. 불량채권 문제의 심각성과 '호송 선단 행정'에서 결별하는, '자기 책임 원칙을 철저히 해서 시장의 판단에 맡긴다'는 금융시스템 개혁(금융 빅뱅 행정) 아래서 대형 금융기관의 도산도 있을 수 있다는 우려가 시장에 확산된 것의 반영이었다.

이러한 불안을 고조시킨 것은 1997년 11월 준대형 증권회사였던 산요증권이 단기자금 시장에서 자금을 조달하지 못해 파산한 일이었다. 이어서 시중은행으로 오랫동안 홋카이도 경제를 지탱해오던 홋카이도타쿠쇼쿠은행이 파산하고(호쿠요은행에게 경영 양도) 4대 증권사였던 야마이치증권이 폐업하고 말았다.

파산 소문이 돌던 기요은행, 아시카가은행, 야스다신탁은행 등에는 예금 인출을 요구하는 사람들이 몰려들었고, 일본장기신용은행에는 금융채의 해약을 요구하는 사람들의 행렬이 이어졌다.

'대출 거부'와 '대출 억제' 현상이 일어난 것은 이런 상황에서였다. 그 배경에는 두 가지 이유가 있었다. 하나는 경영이 불안했던 많은 금융기관에서 예금이 인출되어, 단기 금융시장에서의 자금 조달조차 뜻대로 되지 않아 대출로 돌릴 자금이 고갈되었거나 고갈될 위험이 컸기 때문이다.

다른 하나는 1993년 4월부터 실시된 자기자본비율(BIS) 규제 속에서 몇몇 금융기관이 대출을 늘릴 수 없거나 삭감해야 하는 상황에 놓였기 때문이다.

자기자본비율 규제라는 것은 은행의 총위험자산액(은행 자산 각각의 위험도를 정해 합산한 자산액. 예를 들어 민간 대상 대출은 위험도 100%, 국채는 0% 등으로 계산한다)에 자기자본(자본금 외 내부 유보 등) 비율을 일정 이상(국제 업무를 맡는 은행은 8% 이상, 국내 업무만 맡는 은행은 4% 이상)으로 쌓아두어야 한다는 규정이다.

스위스 바젤에 위치한 국제결제은행(BIS, 당초에는 제1차 세계대전 이후 패전국 독일에게서 배상금 징수를 관리하는 은행이었으나, 그 역할이 끝난 뒤에는 각국 중앙은행 간의 협력의 장이 되어 있었다)에서 정해진 원칙으로, 그 취지는 일본 은행이 끝없이 대출을 늘리는 행동을 억제하기 위한 것이었다. 규제 도입 당시 자기자본의 총위험자산액 비율은 구미 은행이 8%, 일본 은행이 4~6%에 머물렀다. 이 규제를 실시하면 일본 은행의 융자 확대를 억제할 수 있었다.

이대로라면 일본 은행은 자산을 축소하거나 자기자본을 늘리거나 해야 했다. 그래서 일본은 일본 은행이 보유하고 있는 주식의 미실현 이익(시가와 장부 가격 간의 차이)도 자기자본으로 봐야 한다고 주장하여 미실현 이익의 45%를 자기자본에 산입할 수 있도록 한 경위도 있다.

이 규제 속에서 버블 붕괴 후 생긴 일은 첫 번째로 주가가 하락(미실현 이익의 감소)했고 그에 따라 자기자본이 감소했다. 두 번째로 불량채권의 증가로 손실이 발생했고 이것 또한 자기자본 감소의 요인이 되었다. 자기자본비율 8%라는 것은 바꿔 말하면 자기자본의 12.5배 외에는 총자산을 보유할 수 없다는, 즉 자기자본이 1 감소하면 그 12.5배의 총자산을 축소해야 한다는 말이었다.

대부분의 일본 은행은 이 규제로 대출이 힘들어졌고, 경우에 따라서는 대출금을 축소해야 하는 상황에 놓였다. 또한 자기자본비율이 부족한 은행에게는 감독당국이 경영 개선 계획 제출 명령, 영업 제한 명령, 영업 정지 명령을 내리는 이른바 '적기 시정 조치'가 1998년 4월 시행으로 정해져 있었다는 말도 있다. '대출 거부'와 '대출 억제'는 이러한 BIS 규제가 빚어낸 촌극이었다.

'대출 거부'와 '대출 억제' 현상은 1997년 가을 이후부터 발생하여 1999년 전반까지 계속되었다. 이 시기 금융기관의 대출 태도가 엄격해진 것은 일본 은행의 '기업단기경제규제조사'의 '대출태도평가확산지수(DI)'의 추이대로다(그림 4 – 3, 4 – 4).

전후 첫 2년 연속 마이너스 성장

금융위기의 발생으로 1998년과 1999년의 경기는 다시 하강했다.

그림 4-3. 금융기관의 대출 태도에 관한 기업 경영자의 판단 DI 추이

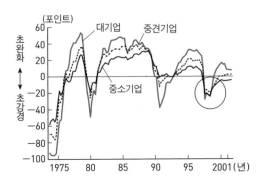

주1 | 판단 DI는 대출 태도가 '느슨하다'고 보는 경영자 비율과 '까다롭다'고 보는 경영자 비율의 차

주2 | 대출 태도가 '초강경'이었던 적은 1975년, 1980년, 1990년으로 과거에도 있었지만 모두 일본은행의 금융긴축 정책이 실시되었던 시기였다. 1998년에는 금융긴축 정책이 취해지지 않았음에도 '초강경'한 상태였는데 사상 초유의 일이었다

출처 | 얀베 유키오 '구조개혁이라는 환상'

그림 4-4. 1997년 가을 이후 대출 태도 판단 DI 추이

조사시	년	1997				1998				1999			
	월	3	6	9	12	3	6	9	12	3	6	9	12
대기업		32	30	28	13	△26	△18	△21	△22	△16	△1	6	10
중소기업		12	11	9	△1	△19	△19	△20	△22	△15	△12	△9	△7

출처 | 얀베 유키오 '구조개혁이라는 환상'

1998년의 실질성장률은 마이너스 1.1%, 1999년 마이너스 0.3%로 대형 은행의 파산(홋카이도타쿠쇼쿠은행에 이어서 1998년에는 일본장기 신용은행과 일본채권신용은행이 파산했다. 이 두 은행은 국유화된 다음 민간에 매각되어 각각 신세이은행과 아오조라은행이 되었다)을 초래한 것도 전후 처음 있는 일이었다. 1997년부터 1999년에 걸친 경기 침체는 전후 최대급이었다. 이 대불황의 정점이었던 1998년에는 민간의 급여 수준이 전년을 밑도는 일도 일어났다(후생노동성 '매월근로통계조사', 현금 급여 총액, 30인 이상 사업소).

이 불황은 앞에서 본 대로 '재정 구조개혁'이라는 '개혁'이 불러온 불황이었지만 동시에 '금융시스템 개혁' 아래에서 발생한 '금융위기'가 동반된 것으로 '개혁'이 심화시킨 불황이라고도 볼 수 있다.

'개혁 노선'
수정 이후
경기 회복

이러한 불황 속에서 아무리 '개혁' 지향의 하시모토 내각이라도 '개혁'의 실행보다 경기 회복에 힘을 기울이지 않을 수 없었다.

그러기에는 두 가지가 필요했다. 첫째, 일본 경제를 금융위기에서 탈출시키는 것. 둘째, 재정 정책과 금융 정책을 총동원해서 경기 하강에 제동을 거는 것이었다.

그러나 정책 전환도 쉽지 않았다. 이 과제는 하시모토 내각의 중점 정책이었던 '금융시스템 개혁', '재정 구조개혁'이라는 6개 개혁 중 2개의 정신에 반하는 정책을 취해야 하는 것으로 '개혁'의 수정 혹은 중단이 필요했다.

즉 일본 경제가 금융위기에서 탈출하기 위해서는 첫째로 금융기관의 경영 안정을 도모할 것과 이미 구제 불능 상태에 빠진 금융기관에 원활한 파산 처리가 필요했다. 이를 위해서는 공적 자금 활용이 필수였는데, 그것은 '금융시스템 개혁' 취지에 반하는 일이었다. 하시모토 내각은 한편으로 '자유롭고 공정한 금융시스템을 목표로' 자유화와 규제 완화를 축으로 '금융시스템개혁법' 제정을 목표로 하고 있었다(1998년 6월 통과). 이러한 흐름에서 당시의 사회 분위기는 '경영이 악화된 금융기관은 청산 처리하면 된다는 논의가 언론과 정치가, 경제학자 사이에서 정론처럼 거론되는 경우가 많았다'(시라카와 마사아키, 〈중앙은행〉)고 한다.

둘째로 재정 지출 확대 문제는 1997년뿐 아니라 1998년 이후의 재정 정책을 결정한 '재정구조개혁법안'을 정부가 국회에 제출했고 심의 중(1997년 11월 통과)이었다는 제약이 있었다. 하시모토 내각이 경기부양을 목적으로 '종합 경제 대책'을 내놓은 것은 1998년도 예산('재정구조개혁법'에 입각한 긴축형 예산)의 통과를 기다리던 1998년 4월 24일의 일이었다. 이 정책을 포함한 1998년도 추가경정예산(6월 통과)은 2개월 전에 통과된 당초 예산과는 정반대로 적극적이어서 앞뒤가 맞지 않았다(추가경정예산: 원문은 보정예산으로 일본에서는 추경예산이라는 말을 쓰지 않는다-옮긴이).

1997년 후반부터 2000년에 이르는 정부의 금융위기 탈출책 및 경기부양을 위한 수많은 경제 대책은 '그림 4-5'에 나와 있는 대로다. 하지만 이들 대책이 본격적으로 실시된 것은 1998년 7월의 참의원 선거에서 자민당이 대패하여 하시모토 내각이 퇴진하고 오부치 게이조 내각으로 바뀐 1998년 7월 이후의 일이었다.

금융위기에 대해서는 1998년 10월에 '금융기능재생법'과 '금융기능조기전화법'을 제정하여 60조 엔에 달하는 자금 투입을 준비하고, 별도로 1998년 8월에 중소기업에 대한 신용협회의 특별 보증 한도를 설정하기도 했다. 이에 따라 기업의 '금융기관의 대출 태도 판단 DI'도 1998년 말에 정점을 찍고 점차 완화되었다(그림 4-3, 4-4).

그림 4-5. 1997년 말부터 2000년까지의 주요 경제 정책

◄─── **97년도** ───► ◄───────────── **98년도** ─────────────►

98년 7월 하시모토 내각 → 고이즈미 내각

| 특별 감세 | 종합 경제 대책 | 긴급 경제 대책 |

특별 감세

97년 12월 발표
98년 2월 예산 통과
•소득세 등 2조 엔
특별 감세

98년도 예산

97년 12월 정부안
결정
98년 4월 통과
•일반 세출은 재정
구조개혁법에 기
초하여 11년 만에
전년 대비 마이너
스가 된 긴축형

종합 경제 대책

4월 발표
6월 추경예산 통과
총액: 16.6조 엔
실질: 13.4조 엔
 •공공투자   7.7조 엔
 •소득세·주민세 감세   4조 엔
 •법인세 감세 등   0.6조 엔

긴급 경제 대책

11월 발표
12월 예산 통과
총액: 23.9조 엔
 •신용 수축 대책   5.9조 엔
 •주택 투자 촉진책   1.2조 엔
 •아시아 지원책   1조 엔
실질: 15.8조 엔
 •공공투자   8.1조 엔
 •영구적 감세   6조 엔 이상
 •지역 진흥 상품권   0.7조 엔
 •고용 대책   1조 엔

•단기 금융시장의 금리 유도 목표 인하
 0.5% → 0.25% (9월)
•제로금리 정책 채용(98년 3월)

금융시스템 안정화책

•총액 30조 엔의 공적자
 금 투입 결정(12월)
 금융기능안정화긴급조치
 법 통과(2월)

•금융시스템개혁법 통과(6월)
 일본판 빅뱅의 제도 면에서 개혁 마무리
•금융재생법, 조기건전화법 통과(10월)
 60조 엔의 공적자금 투입 범위 설정
•중소기업 등 대출 거부 대책 요지(8월)
 신용보증협회의 특별보증액 20조 엔 설정 등

재정 구조개혁법
[통과: 11월] ──► [수정: 5월] ──────────► [동결: 12월]
재정 건전화의 목표 연차를 2년 순연

경제 전략 회의
[설치: 8월] ──► [긴급 제언: 10월] ──► [최종 답신: 2월]
단기 경제 대책

```
|◄─────────────────── 99년도 ───────────────────►|
│                                                  │
│                                                  │
```

긴급 고용 · 산업 경쟁력 강화 대책

6월 발표, 7월 예산 통과
10월 산업재생법 시행
•긴급 고용 대책 0.5조 엔

99년도 예산

98년 12월 정부안 결의
99년 3월 통과
•0.5% 성장 목표로 일반 세출 전년 대비 5.4% 증가로 20년 만에 최대

경제 신생 대책

11월 발표, 12월 예산 통과
총액: 18조 엔
•중소기업 금융 대책 7.4조 엔
•주택 취득 촉진   2.0조 엔
•고용 대책   1.0조 엔
실질: 15.8조 엔
•공공투자   6.8조 엔

2000년도 예산

99년 12월 정부안 결정
2000년 3월 통과
•일반 세출 전년 대비 2.6% 증가 등 적극형 예산

•페이오프 해금 연기 결정 (12월)
•신용보증협회의 특별 보증액을 10조 엔 추가하여 1년 연장(10월)

산업 경쟁력 회의
[설치: 3월]──► [자국 경쟁력 강화를 위한 ─────────────────►
            제1차 제언: 5월]

출처 | 안베 유키오 '구조개혁이라는 환상'

또한 '재정구조개혁법'은 이미 하시모토 내각에서 목표 연차를 2년 미룬다는 '수정'이 가해졌지만(1998년 5월) 오부치 내각으로 바뀌고 나서 '시행 정지'가 선언되었다(1998년 12월. 이후 정지 상태로 남았다. 사실상 폐지라 할 수 있다). 재정 정책이 자유도를 회복한 것이다.

이렇게 스스로 '경제 재생' 내각이라고 명명한 오부치 내각에서 경기는 서서히 회복세로 돌아섰다. 경기의 저점은 1999년 1월이었다. 1999년의 실질성장률은 계속해서 마이너스였지만, 2000년은 2.8%로 플러스 성장했으며 민간 소비 지출과 설비 투자 등의 민간 수요와 수출 기여도가 높아졌다(그림 4 - 1).

'개혁'이 불러오고 '개혁'이 심화시킨 불황은 '개혁' 정책을 수정, 중단함으로써 극복할 수 있었다.

'이상은 미국', 다시 구조개혁 노선으로

'개혁' 정책을 실시해서 실패했으니 실패를 거울 삼아 이후 '개혁' 논의가 시들해지든가, 적어도 신중을 기해야 한다는 목소리가 높아질 것으로 생각했다. 하지만 현실은 그렇지 않았다. '개혁'의 실패를 눈앞에서 보고도 재계는 물론 정부, 학자, 언론은 '개혁이 필요하다'는 주장을 굽히지 않았다.

오부치 내각 발족 직후인 1998년 8월에 설치한 수상 직속 자문기관인 '경제전략회의(의장은 아사히 맥주 회장 히구치 히로타로)'는 1999년 2월 '일본 경제 재생을 위한 전략'이라는 제목의 의견서를 수상에게 제출했다.

경제전략회의 의견서

'일본 경제의 재생과 21세기 경제사회 구조 방식에 대해서'라는 의견서를 내기 위해 설치된 '전략회의'의 멤버는 재계인과 학자를 합쳐서 10명이었다. 학자로서는 나카타니 이와오, 다케나카 헤이조 등이 있었다.

이 의견서는 A4 용지 약 60매로 8만 자에 가까운 방대한 양이었다.

개요를 소개하면 시작은 '전후 일본 경제의 비약적인 경제성장의 원동력이 되어 온 일본식 시스템은 지금 도처에 구멍이 생겼고, 이것이 일본 경제의 성장을 구속하는 요인으로 작용하고 있다'고 기술하고 있다.

첫째는 일본형 고용·임금 시스템과 후한 사회보장 시스템이 제도로써의 지속 가능성을 잃고 있다. 둘째는 규제·보호와 병렬식 체질, 호송 선단 방식으로 상징되는 과도한 평등과 공평함을 중시하는 일본형 회사 시스템이 공적 부문의 비대화와 비효율화, 자원 분배의 왜곡을 일으키고 있다. 셋째는 일본식 육성 경영이 세계 표준에서 볼 때 비효율적이며 위험으로의 도전을 어렵게 한다.

이러한 현상 인식에 기초하여 다음의 다양한 '구조개혁' 안이 제기되었다.

- 지나치게 결과가 평등해야 함을 중시하는 일본형 사회 시스템을 변혁하여 '건전하고 창조적인 경쟁 사회'로 재구축할 필요가 있다.
- 민간의 자유로운 경제 활동에 정부의 과도한 개입을 막는다. '작고 효율적인 정부'를 실현한다.
- 개개인의 노력과 성과를 충분히 끌어올리기 위해 각종 인센티브 시스템을 도입한다.
- 공무원 정원을 삭감한다.

- 보다 수평적인 직간접세 체계를 만든다. 소득세의 과세 최저 한도를 낮춘다. 소비세의 증세는 불가피하다.
- 노동자 파견 등의 대상 업종을 조기에 '원칙 자유화'한다.
- 일본형 금융시스템을 대체할 새로운 금융시스템 구축이 필요하다. 불량채권의 실질 처리 촉진 계획을 구축한다.

아직 많이 있지만 소개는 이 정도로 한다.

이 의견서의 본질을 나타내는 결론은 흥미롭다.

'1980년대 전반의 미국 경제도 쌍둥이 적자와 저축률 저하, 기업의 국제 경쟁력 상실 등 많은 문제를 안고 있었다. 그러나 작은 정부의 실현과 같은 발본적인 규제 완화와 철폐, 대폭적인 소득세와 법인세 감세를 축으로 하는 레이거노믹스에 미시경제 수준의 주주 이익을 중시하는 경영의 철저한 추구 및 그것을 용인하는 유연한 사회 시스템을 배경으로 미국 경제는 1990년대 중반에 완전히 소생하는 데 성공했다'는 기술이다. 일본의 '구조개혁'의 본보기는 여기에 있다고 말한다. '이상은 미국'이라는 것이다.

분명히 당시의 미국 경제는 호황이었다. 그러나 그 이면에서는 무엇이 진행되고 있었는가.

'미국은 선진국 가운데 국민이 가장 가난한 나라다'라는 '유엔인간개발보고서'가 발표된 것은 1998년이다. 빈곤율, 문맹률, 그 외 다른 지표에서 '인간빈곤지수'를 산출했더니 미국은 선진 17개국 중 최하위였다는 것이다(일본은 8위). 미국의 하류사회를 그려 베스트셀러가 된 바버라 에런라이크의 〈노동의 배신〉이 미국에서 발행된 것은

2001년이다. 그해 질 안드레스키 프레이저의 〈화이트칼라의 위기〉가, 2004년에는 데이비드 쉬플러의 〈워킹 푸어〉가 발행되었다. 일본에서 베스트셀러가 된 쓰쓰미 미카의 〈주식회사 빈곤 대국 미국〉의 발행도 2008년이었다. 전부 미국인, 특히 하층민의 생활과 직장에서 벌어지는 일이 얼마나 가혹한가를 소개한 책이다. 요컨대 1990년대 미국에서는 경제(기업)가 번영한 반면 사람들의 생활은 형편없었다는 것을 말해준다.

'경제전략회의'의 멤버인 재계인과 학자는 전자(경제의 번영)가 보여도 후자(사람들의 삶의 빈곤화)는 보이지 않았던 것일까. 아니면 보였지만 심각하게 생각하지 않았던 것일까.

이러한 '전략회의'의 제언에 따라 여기서 말하는 개혁을 실시하면 일본인의 생활은 어떻게 될까. 그 대답은 여러 책들의 표지에 있는 문구가 암시한다.

'일본에도 다가오는 워킹 푸어의 비극'(〈노동의 배신〉), '일은 끝까지 쫓아온다, 노동은 본디 이렇지 않았다'(〈화이트칼라의 위기〉), '내일의 일본이 오늘의 미국이 안 되게'(〈워킹 푸어〉), '미국을 뒤따르는 일본에게, 바다 건너에서 경고한다'(〈주식회사 빈곤 대국 미국〉).

5장

고이즈미 내각 탄생과 본격적인 '구조개혁' 정책 실시

(2001-2009)

<u>스스로</u>를 '경제 재생' 내각이라고 명명한 오부치 내각은 하시모토 내각의 '개혁' 정책을 180도 전환시켜 일본 경제를 '금융위기'에서 구출해 경기 침체에 제동을 걸었다. 그러나 가시적인 성과가 나타나고 있던 2000년 4월 2일 오부치 수상은 뇌경색으로 쓰러졌고 4일에 내각은 총사퇴했다. 그 뒤를 이은 것이 모리 요시로 내각이다(2000년 4월 5일 발족, 자민·공명·보수 3당 연립내각).

한편 1999년 2월부터 회복세로 들어선 경기는 2000년 12월에 둔화되어 1999년부터 시작된 회복이 22개월 만에 끝났다(그림 1 - 1, 1 - 3). 22개월에 걸친 경기 회복은 1970년대 중반의 회복기(1975년 4월~1977년 1월)와 함께 전후 가장 짧은 회복기를 기록했다. 그 배경에는 IT 버블 붕괴로 인한 미국 경제의 급속한 후퇴로 여기에 영향을 받은 일본의 수출 감소였다.

이 영향으로 2000년 2.8%이었던 GDP 실질성장률이 2001년에는 0.4%로 추락하고 말았다(그림 5-1).

경기 후퇴와 모리 수상이 '일본은 천황이 중심인 신의 나라'라고 발언한 문제, '에히메마루 사건(일본의 고교 실습선인 에히메마루 호가 미국의 핵잠수함과 부딪쳐 침몰한 참사-옮긴이)'의 부실한 대응이 도마에 오른 모리 내각은 2001년 4월 총사퇴하고, 뒤를 이어 고이즈미 준이치로 내각이 발족했다(2001년 4월~2006년 9월). 고이즈미 준이치로는 4월의 자민당 총재 선거에서 하시모토 류타로, 아소 다로, 가메이 시즈카를 꺾고 총재로 뽑혀 수상에 취임했다. 고이즈미 '구조개혁' 내각의 발족이다.

그림 5-1. GDP 실질성장률과 기여도 추이 ③

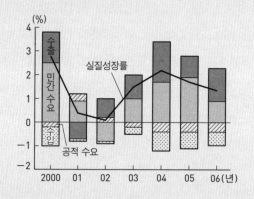

출처 | 내각부 '국민경제계산'

고이즈미
'구조개혁'
내각 발족

고이즈미 수상은 2001년 5월 취임 소신 표명 연설에서 다음과 같이 말했다.

구조개혁울 하지 않으면 일본 경제의 재생은 없다

나에게 부여된 가장 중요한 과제는 경제를 바로 세우고 자신과 긍지에 찬 일본 사회를 구축하는 일입니다. … 나는 '구조개혁 없이 일본 경제의 재생은 없다'는 신념으로 경제, 재정, 행정, 사회, 정치의 구조개혁을 통해 '신세기 유신'이라고도 할 개혁을 단행하고자 합니다. 고통을 두려워하지 않고, 기득권익의 벽에 휘둘리지 않고, 과거 경제에 얽매이지 않고 '두려움 없이, 휘둘리지 않고, 얽매임 없는' 자세를 견지하여 21세기에 어울리는 경제사회 시스템을 확립하고자 합니다. …

지금 일본에게 가장 중요한 과제는 경제를 재생시키는 일입니다. 고이즈미 내각의 첫 번째 일로써 모리 내각에서 정리된 '긴급 경제 대책'을 빠르게 실행에 옮기겠습니다. 이 경제 대책은 종래의 수요 추가형 정책에서 불량채권 처리와 자본시장의 구조개혁을 중시하는 정책으로 방향을 트는 것입니다. …

처방전은 이미 나와 있습니다. 일본 경제의 재생을 진정으로 실현하기 위해서 지금 우리가 해야 할 일은 결단과 실행입니다.

'구조개혁'을 결단하여 '실행'한다. 이를 위해서 고이즈미 수상이 먼저 실시한 것이 두 가지 있다. 하나는 민간에서 다케나카 헤이조 게이오 대학 교수를 경제재정정책담당대신으로 불러온 것이고, 다른 하나는 경제재정자문회의를 활용한 것이다.

다케나카 경제재정정책담당대신

다케나카는 1951년생으로 당시 50세로 경제 정책을 전문으로 하는 개혁파 대학 교수였다. 이미 오부치 내각 때부터 정치에 입문하여 경제전략회의의 핵심 멤버로 4장에서 소개한 '일본 경제 재생을 위한 전략'의 작성에 참여하고 있었다. 또한 모리 내각 때 설치된 'IT 전략회의'의 위원으로 다양한 제언을 하기도 했다. 이러한 제언을 하던 입장의 '학자'를 제언을 실행하는 입장인 '대신'으로 등용하여 다양한 정책을 '결단'하고 '실행'하라는 고이즈미 수상의 의도가 담긴 기용이었다.

당초 '경제재정정책담당대신'으로서 각료로 기용된 다케나카는 제1차 고이즈미 개조 내각(2002년 9월~2003년 11월)에서 금융담당대신을 겸임했고, 이후 제2차 고이즈미 내각(2003년 11월~2005년 9월)

에서는 금융담당대신에서 물러나 새롭게 우정민영화담당대신을 겸임했다. 이어서 제3차 고이즈미 개조 내각(2005년 10월~2006년 9월)에서는 총무대신 겸 우정민영화담당대신에 취임했다. 6년 가까이 이어진 고이즈미 내각에서 그는 일관되게 관료, 그것도 고이즈미 수상이 가장 중점을 두었던 과제의 담당대신으로 취임하여 다양한 '개혁'을 지휘했다.

경제재정자문회의의 활용

경제재정자문회의는 하시모토 내각이 '6개 개혁'의 하나로써 실시한 '행정 개혁'의 '중앙성청재편(2001년)'에 의해 새로 설치된 회의였다. 총리대신의 자문을 받아서 경제 재정 정책에 관한 중요 사항을 조사하고 심의하는 역할을 맡는다.

회의의 의장은 총리대신이고, 회원은 내각관방장관과 경제재정정책담당대신이 상임이며 총리대신이 지정하는 대신(재무·총무·경산 3대신)과 지명하는 관계기관의 장(일본은행 총재), 임명하는 '경제 또는 재정 정책에 우수한 식견을 가진 자(통칭 '민간 의원')'가 된다. 또한 '민간 의원'은 '의원의 총수가 10분의 4 미만이 되어서는 안 된다'는 법 규정이 있어(내각부설치법 제22조) 대대로 재계에서 2명, 학계에서 2명 총 4명이 임명된다. 임기는 2년이지만 재임, 재재임하는 등 장기간 근무하는 사례도 많다.

경제재정자문회의가 처음에 설치된 것은 모리 내각 때였지만 단명에 그쳤기 때문에 거의 활용된 적은 없다. 본격적으로 활용되기 시작한 것은 이 회의를 수상이 '가장 중요한 정책회의'로 평가한 고이즈미 내각이 들어선 뒤였다. 고이즈미 내각에서는 '예산 편성의 기초 방침'을 시작으로 경제 운영, 재정 운영, '개혁' 등의 기본 방침이 이 회의에서 제기되고 논의되고 결정되었다. 이후 내각 회의의 승인과 결정이라는 수순을 밟고 필요한 경우에는 법안으로 상정되어 국회에서 심의되었다. 자문회의의 의장은 총리대신이다. 자문회의가 통과시키면 그대로 내각 회의에서도 통과되고, 여당이 다수를 점하는 의회에서도 의결되는 식이다.

이처럼 자문회의는 개혁 실현에 중요한 위치를 차지했다. 자문회의에서는 민간 의원이 큰 역할을 맡았는데, 특히 경재계의 개혁을 제시하는 재계에서 선출된 의원들이었다. 민간 의원 네 명 중 재계에서 온의원은 두 명이었지만 남은 두 명의 학자 의원 중 한 명은 확실하게 재계 편향의 개혁 의견을 지닌 사람이 임명되는 것이 일반적이었다. 따라서 민간 의원의 의견 분포는 적어도 개혁파 3명과 그 외 1명이 되었다. 여기에 개혁 지향이 강한 다케나카 대신을 추가하면 4 대 1, 고이즈미 수상을 추가하면 5 대 1이 되었다. 처음부터 개혁파의 의향에 맞게 순조로이 통과된다는 구상이 만들어진 것이다.

정부의 심의회나 유사 기관은 재계의 대표를 선출할 경우 노동계의 대표를 넣거나 중소기업의 대표를 넣거나 소비자 대표를 넣는 등중립과 공정을 지키는 것이 지금까지의 관례였다. 이런 배려가 없는공적 조직은 아마 경제재정자문회의가 처음일 것이다. 애초부터 이 회의는 총리의 자문기관으로 의장은 총리대신 자신이라는 기묘한 형태를 띠었다.

어쨌든 고이즈미 내각의 '구조개혁'은 이런 구조로 시작되었다.

'호네부토 방침' 책정

고이즈미 내각에서 '경제재정자문회의'가 최초로 한 일은 '향후 경제 재정 운영 및 경제사회의 구조개혁에 관한 기본 방침(통칭 호네부토 방침, 뼈대 굵은 방침)'의 책정이었다(2001년 6월).

이후 매년 6월경에 내각 회의에서 결정되는 '호네부토 방침'의 제1 탄이다. 이 '호네부토 방침'이 서두에서 강조하는 것은 '불량채권 문제의 근본적 해결'이었다. '경제 재생의 첫걸음으로 불량채권의 처리는 서둘러야 하는' 문제였다. '향후 2~3년을 일본 경제의 집중 조정 기간으로 정해 단기적으로는 낮은 경제성장을 감수하고 그 이후로는 경제의 취약성을 극복하여 민간 주도의 경제성장 실현을 목표'로 했다. 어찌되었든 불량채권 문제의 해결 없이는 일본 경제의 진전은 없다는 것이 고이즈미 내각의 기본 자세로 볼 수 있다.

'호네부토 방침'은 이어서 '구조개혁을 위한 7개 개혁 프로그램' 제시로 걸음을 옮겼다. 그 첫 번째는 '민영화·규제 개혁 프로그램'이다. '민간에서 가능한 것은 민간에 맡긴다는 원칙 아래 … 민영화를 강력하게 추진하고 … 우정사업의 민영화 문제를 포함한 구체적인 검토 … 등으로 … 민간 부문의 활동의 장과 수익 기회를 확대시킨다' 등이 있다.

'호네부토 방침'의 서술에 따라 '개혁 프로그램'을 소개하고 싶은데 내각 발족 이후 단기간에 정리되었기 때문인지 뒷부분의 '호네부토 방침'의 서술은 구체적이지도 않고 논리적으로도 정리되어 있지 않다. 다양한 계획을 잡다하게 늘어놓은 느낌이다.

그래서 여기서는 적혀 있는 순으로 주요 내용을 골라내어 나열했다.

• 의료, 간호·돌봄, 복지, 교육 분야에 경쟁 원리를 도입한다.
• 예적금 중심의 저축 우대에서 주식 투자 등의 투자 우대로 … 세제를 포함한 모든 제도를 검토한다.
• 2002년 재정 건전화의 첫걸음으로 국채 발행을 30조 엔 이하로 억제하는 것을 목표로 한다.
• 사법제도 개혁을 착실하게 진행한다.
• 증권시장, 부동산시장의 구조개혁을 진행한다.
• 노동시장의 구조개혁을 진행한다. 파견, 유기 고용, 재량 노동 등의 다양한 노동 형태를 선택할 수 있도록 제도 개혁을 진행한다.
• 세제 개혁.
• 사회보장제도 개혁.
• 의료제도 개혁. 부담의 적정화.
• 연금제도 개혁.
• 지방 간의 경쟁 – 자립하는 국가·지방 관계 확립.
• 지방 행정 관련 제도의 근본적 개혁.

'불량채권 처리' 정책

불량채권 처리 문제를 '구조개혁'의 첫 번째로 내세운 것은 고이즈미 내각 전인 모리 내각이었다. 고이즈미 수상이 취임 소신 표명 연설에서 '처방전은 이미 제시되어 있습니다. … 우리가 해야 할 것은 결단과 실행입니다'라고 말하며 높이 평가한 모리 내각의 '긴급 경제 대책(2001년 4월 6일)'이 그것이다. 2000년 11월부터의 경기 하강 속에서 모리 내각이 책정한 '긴급 경제 대책'의 구체적인 시책의 첫 번째는 '불량채권의 근본적인 오프밸런스화(은행의 대차대조표에서 불량채권을 없애는 것)'였다.

왜 불량채권 처리인가

왜 경기 대책의 첫 번째가 불량채권 처리일까? 생각해보면 버블 붕괴 후 경기 회복(1993년 11월~1997년 5월의 43개월, 1999년 11월~2000년 11월의 22개월. 그림 1-1, 1-3 참조)은 모두 경기가 충분히 회복되지 못하고 둔화되고 말았다. 이 경기 둔화의 배경에는 불량채권 문제가 있는데, 금융기관이 불량채권을 떠안고 있어 경기가 회복을 시작해도 충분히 회복하지 못하고 곧바로 침체되어 버리기 때문이다. 따라서 경기를 본격적으로 회복시키기 위해서는 먼저 불량채권 문제를 해결해야 한다고 모리 내각과 고이즈미 내각은 생각했을 것이다.

그러나 사실 관계를 다시 생각해보면 첫 번째(1997년 6월~) 경기 침체를 불러온 것은 하시모토 내각의 '재정 구조개혁'에서 비롯된 '개혁' 정책의 실시였으며, 두 번째(2000년 12월~)는 미국의 IT 버블 붕괴가 원인이었다. 이 책에서 이미 지적한 부분이다. 모두 불량채권 문제와는 관계 없이 경기 둔화가 시작되었다는 것이다.

하시모토 내각의 '개혁' 정책의 강행이 없었거나 미국의 IT 버블 붕괴가 조금만 뒤에 일어났다면 아무리 불량채권 문제가 해결되지 않은 채로 남아 있었다고 해도 일본의 경기 회복 둔화로 이어지지는 않았을 것이다.

의문부호가 붙는 '불량채권 문제가 경제를 악화시키는 메커니즘'

물론 당시 고이즈미 내각은 이런 사정에 아랑곳하지 않고 불량채권 문제를 해결하기 위해 움직이기 시작했다.

고이즈미 내각은 출범하고 나서 당시의 '경제백서(연차경제보고)'를 '경제재정백서(연차경제재정보고)'로 개명했다. 그 제1호였던 2001년판의 '백서(다케나카 대신 담당)'는 불량채권 문제를 1장에 할애하고 있다. 여기서 '불량채권 문제가 경제를 악화시키는 메커니즘'을 분석하고 있는데 '불량채권 문제 해결이 나라의 경제 재생에 필수불가결하다'고 논하고 있다. 먼저 그 주장을 보자.

'백서'에서는 불량채권이 경기를 악화시키는 경로로 다음 세 가지를 든다.

첫 번째는 '불량채권이 은행의 수익을 압박한다'는 경로다. 은행 수익이 압박받아 은행의 금융 중개 기능이 떨어지는 리스크를 막기 힘들다고 주장한다.

두 번째는 '저수익성·저생산성 분야의 종업원, 경영 자원, 자본, 토지 등의 경제 자원이 정체되어 고수익성·고생산성 분야로 해당 경제 자원이 분배되지 않는다'는 경로다. 불량채권은 수익성이 낮은 저생산성 분야로 돈과 사람이 흘러가기 때문에 고생산성 분야에 돈과 사람이 돌지 않는다고 설명한다.

세 번째는 '은행의 파산 등으로 금융시스템에 대한 신뢰 저하가 기업과 소비자의 행동을 신중하게 만들어 설비 투자와 개인 소비를 억제한다'는 경로다.

이처럼 불량채권이 있으면 경제가 성장하지 않기 때문에 이 문제를 빠르게 처리해야 한다고 '백서'는 설명한다. 하지만 이 주장은 별다른 근거가 없다.

'백서'의 설명은 틀렸다

먼저 첫 번째 경로를 살펴보자.

'백서'의 설명은 그럴듯하게 보이지만 이 설명의 문제 인식 자체에 오류가 있다. 불량채권이 '있는 상태'와 '없는 상태'를 비교해서 '있는 상태'는 바람직하지 않고 '없는 상태'는 바람직하다는 매우 당연한 사실을 말하는 것에 지나지 않는다.

실제로 불량채권은 존재한다. 여기서 정말 필요한 것은 '있는 그대로 두는 것'과 '처리해서 없는 상태로 만드는 것'을 비교해서 경기에 미치는 영향을 살펴보는 것이다.

'있는 상태'가 경제에 바람직하지 않다는 것은 알지만, '그것을 처리하는 것'은 경제에 부정적인 영향을 끼친다. 첫째로 은행 수익은 더욱 악화된다. 둘째로 '처리한다'는 말은 기업을 도산시키는 것이 되므로 그 기업의 부활 가능성(은행에게서 채권을 회수할 수 있는 기회)을 빼앗는 일이 된다. 셋째로 해당 기업과 거래가 있는 기업의 경영에 타격이 간다. 결과적으로 새로운 불량채권을 만들어낸다. 넷째로 실직이 생긴다. 이와 같은 악영향이 생겨도 과연 좋은가.

'있는 상태'와 '없는 상태'를 비교하는 것이 아니라, '있는 상태'와 '없앴을 때의 상태'를 비교하면 오히려 전자가 낫다고도 할 수 있다.

두 번째 경로를 살펴보자. 우리 사회는 '저생산성 분야'와 '고생산성 분야'로 이분화되어 있는데, 일본 경제는 '저생산성 분야'에 돈과 사람이 지나치게 몰려 있다. 따라서 규제 완화를 통해 전자에서 후자의 분야로 돈과 사람이 흘러가도록 해야 한다는 필요성이 '구조개혁론'의 기본 사고방식과 궤를 같이하는 발상이다. 하지만 이 사고방식은 완전히 틀렸다. 따라서 틀린 설명이다. 문제는 이 논리가 돈과 사람이 완전고용 상태에 있다는 것을 전제로 하고 있다는 점이다.

그림 5-2. 기업의 자금 융통 판단 추이

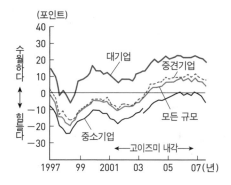

주 | '수월하다'고 답한 기업의 비율과 '힘들다'고 답한 기업의 비율 차
출처 | 일본은행 '전국기업단기경제관측조사'

그림 5-3. 실업자 수와 실업률 추이

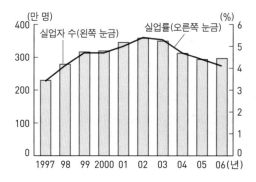

출처 | 후생노동성 '노동력조사'

2000년대 초반의 일본 경제를 보면 현실에서는 돈도 사람도 불완전 고용 상태였다. 즉 1997년부터 1998년에 걸친 금융위기가 지나간 뒤인 1990년대 후반부터 2000년대에는 금융완화 정책으로 '기업의 자금 융통 판단'에 여유가 생겼고(그림 5 - 2), 실업자가 340만 명, 실업률이 5.0%(2001년)에 이르는 등 일손도 남아돌고 있었다(그림 5 - 3). '백서'의 논리는 저생산성 분야와 고생산성 분야라는 이분법으로 생각하여 불량채권을 처리하여, 저생산성 분야에 몰려 있는 자금을 회수함과 동시에 그 분야의 기업을 도산시킴으로써 고용인을 실직시키고 해당 자본과 인력을 고생산성 분야가 흡수하여 일본 경제를 성장시킨다는 것이다. 그러나 현실은 그렇지 않았다. 두 분야와는 별도로 '실업 분야'로 불러야 할 분야가 존재했다. 따라서 성장 분야의 돈이나 사람이 필요해지면 실업 분야에서 끌어 쓰면 되니 저생산성 분야에서 구해야할 것은 아무것도 없는 상황이었다. 그리고 이런 현실에서는 불량채권을 처리하면 갈 곳을 잃은 돈과 사람이 실업 분야에 머물게 된다. 즉 자금은 과잉 상태에 놓이고 실업자가 증가하여 일본 경제의 성장 동력이 오히려 떨어진다고 봐야 한다는 것이다. 현실은 '그림 5 - 2, 5 - 3'처럼 고이즈미 내각 집권기(2001~2006년) 내내 금융완화 상태가 계속되었고, 불량채권 처리가 강행되던 시기(2001~2004년)의 실업률과 실업자는 경제성장에도 불구하고 계속 늘어났다.

세 번째 경로에서 제시된 것은 어느 정도 사실이다. 그러나 이 경로는 불량채권 문제를 금융위기 문제로 확장시킨 하시모토 내각의 책임이 크다고 말할 수 있다. 또한 이 문제에 대처하는 유효한 방법은 금융기관에 불량채권의 처리(오프밸런스화)를 맡기는 것이 아니라 앞선 오부치 내각이 실시한 것처럼(후기의 고이즈미 내각도 실시) 불안한 금융기관에 공적자금을 투입하는 것이다.

이상으로 당시 서둘러서 불량채권을 처리하려는 정당성이 '백서'에서 말한 세 경로로는 설명되지 않는다.

그리고 현실에서는 불량채권 처리 강행으로 모리 내각과 초기 고이즈미 내각은 한층 경제를 악화시켜 버렸다. 기업 도산 19,000건(2000년, 2001년, 2002년. 그림 5 - 4), 실업자 360만 명, 실업률은 5%대에 달했다(그림 5 - 3). GDP 실질성장률도 2001년의 0.4%에서 2002년에는 0.1%로 내려갔다(그림 5 - 1). 2002년은 미국 경제가 회복세로 돌아서고 2001년에 마이너스였던 일본의 수출이 플러스가 되었음에도 이런 결과가 나왔다(그림 5 - 1).

그림 5-4. 기업 도산 건수 추이

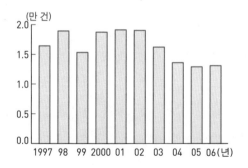

주 | 부채액 1천만 엔 이상의 도산
출처 | 도쿄상공리서치 '전국 기업 도산 상황'

모리 내각이 시작하고 고이즈미 내각이 이어받은 '불량채권 처리'라는 '구조개혁 1번가 1번지 정책(고이즈미 수상의 말)'은 '완전한 실패였다'고 말할 수밖에 없다.

불량채권은 무엇인가 ① - 대부분은 '살아 있는 기업'의 채권

불량채권은 '금융기능재생법(정식으로는 '금융 기능의 재생을 위한 긴급 조치에 관한 법률')'의 시행(1998년 10월) 이래 결산기마다 금융기관에게 제출을 요구하는 '자산사정등보고서'의 분류에 따라 보는 것이 일반적이다. 금융기관재생법은 금융기관의 자산을 ①파산 갱생 채권 및 이에 준하는 채권 ②위험 채권 ③요주의 관리 채권 ④정상 채권 등 네 가지로 구분하여 각각의 잔고를 기재하여 보고하도록 요구했고, 그중 ①~③을 합친 '금융기능재생법 개시 채권'을 '불량채권'으로 간주한다.

'그림 5 - 5'는 ①~③ 각각의 정의를 나타낸다.

불량채권은 채무자의 도산 등으로 이자는 물론 원금도 회수할 수 없는 채권(①)이라고 일반적으로 인식하지만 그뿐만 아니라 그렇게 될 위험이 있는 채권(②) 역시 포함한다. 그리고 그 구성을 보면 실제로는 ①에 비해 ②와 ③의 비율이 압도적으로 높다는 것을 알 수 있다(그림 5 - 6). 2001년 기준으로 보면 불량채권의 총액 43.2조 엔 중에서 ①은 7.4조 엔으로 이것을 뺀 ②와 ③은 36조 엔에 달해 전체의 80%를 넘는다.

그림 5-5. 금융기능재생법 개시 채권의 정의

① 파산 재생 채권 및 이에 준하는 채권	파산, 회사 재생, 갱생 수속 등의 이유로 경영 파탄에 빠져 있는 채무자의 채권 및 이에 준하는 채권
② 위험 채권	채무자가 경영 파탄 상태에 다다르지는 않았지만 재정 상태 및 경영 성적이 악화되어 계약에 따른 채권의 원금 회수 및 이자 취득이 안 될 가능성이 높은 채권
③ 요주의 관리 채권	• 3개월 이상 연체 채권 • 대출 조건 완화 채권 ※ ①, ②를 제외하고 둘 중 하나에 해당되는 채권(단 요주의 관리 채권은 대출금 단위로 분류)
④ 정상 채권	채무자의 재정 상태 및 경영 성적에 특별한 문제가 없는 것으로 위와 구분되는 채권

출처 | 금융청 홈페이지

고이즈미 내각이 금융기관에게 처리를 요구한 불량채권은 ①이 아닌 ②와 ③이었다. ①은 '그림 5-5'에서 보이는 대로 파산 절차를 밟아 갱생 절차에 들어간, 대부분이 '좀비 기업'의 채권이어서 정부가 지시할 필요도 없이 그냥 두면 금융기관이 알아서 처리한다. 이에 반해 ②와 ③은 ①이 될 위험이 클 뿐으로 금융기관에게 융자 조건 변경(대출 기간 연장, 금리 인하 등)을 요구하는 아직 '살아 있는', 다시 말하면 '계속 살아남으려고 노력하는' 기업의 채권이다. 이들을 '죽여라', '숨통을 끊어라'라고 하는 것이 '불량채권을 처리하라'는 고이즈미 내각의 행정 방침이었다.

그림 5-6. 불량채권(금융기능재생법 개시 채권) 잔고 추이

(전국 은행, 연도 말, 조 엔)

연도	잔고	파산 갱생 등	(참고)모든 예금 취급 금융기관
2000	33.6	7.7	42.9
2001	43.2	7.4	52.4
2002	35.3	5.7	44.5
2003	26.6	4.4	34.6
2004	17.9	3.2	24.9
2005	13.3	2.4	19.6
2006	12.0	2.1	17.1

출처 | 금융청 홈페이지

'살아 있는 기업을 죽여라'는 난폭한 행정이 '불량채권 처리' 정책이었던 것이다. 그러나 어찌되었든 정책은 2002년 9월에 금융담당대신을 겸임한 다케나카가 작성한 '금융 재생 프로그램'을 바탕으로 강행되었다. 이 프로그램의 요점은 금융기관에게 자산 사정의 본격화(의심스러운 건 전부 불량채권으로 인정하는 것)와 경영 건전화 계획을 세우게 하여 실행을 감시하는 것(불량채권 처리를 확실히 하는 것)이었고, 건전화 계획을 미달성한 은행에게는 업무 개선 명령을 내리는 것이었다.

불량채권은 무엇인가 ② – 경기의 함수

이러한 정책 아래에서 불량채권은 어떻게 되었을까. 불량채권(금융기관재생법 개시 채권)의 잔고 추이를 보자.

그림 5-7. 불량채권(금융기능재생법 개시 채권) 잔고의 증감과 요인

(전국 은행, 조 엔)

연도	연간 증감액	증가	신규 발생	사정의 엄격화 등	감소	오프 밸런스화	정상 채권화	변제
2001	9.6	18.9	7.9	11.0	△9.3	△9.3		
2002	△7.9	10.2	9.2	1.0	△18.1	△15.1	△2.3	△0.7
2003	△8.7	6.3	6.3	-	△15.0	△9.8	△3.5	△1.7
2004	△8.7	5.2	5.2	-	△13.9	△8.6	△1.9	△3.4
2005	△4.6	3.4	3.4	-	△8.0	△5.8	△1.5	△0.7
2006	△1.4	3.7	3.7	-	△5.1	△3.8	△1.1	△0.2
2002~ 06 누계	(△31.3)	(28.2)	(27.8)	(1.0)	(△60.1)	(△43.1)	(△10.3)	(△6.7)

주 | 금융청이 은행 대상으로 실시한 앙케이트 조사에 의함
출처 | 금융청 홈페이지

먼저 '그림 5-6'을 보면 고이즈미 내각 출범 전인 2000년 말에 33.6조 엔이었던 전국은행의 불량채권 잔고는 출범 후인 2001년 말 43.2조 엔으로 불어났다. 고이즈미 내각의 '자산 사정의 엄격화' 방침을 기반으로 당시까지는 불량채권이라고 보지 않았던, 정상채권으로 여겼던 약 10조 엔이 새롭게 불량채권으로 인식되었기 때문이다(그림 5-7).

2001년 말의 불량채권 잔고 43.2조 엔(그림 5-6)에다가 2002년 사정 엄격화에 의해 새로 불량채권으로 인식된 1조 엔(그림 5-7)을 더한 44.2조 엔을 출발점으로 생각해보자. 이 44조 엔(이하 소수점 밑은 반올림)은 고이즈미 내각 마지막 해였던 2006년 말에 12조 엔으로 줄어들었다. 이 5년간의 증감 내역은 ①신규 발생(2001년 말에 정상 채권으로 인식된 것이 불량채권화된 것) 28조 엔, ②오프밸런스화에 의한 감

소 43조 엔, ③정상 채권으로 인식하기에 이른 것 10조 엔, ④변제된 7조 엔으로 다음과 같다(그림 5-7).

$$44 + 28 - (43 + 10 + 7) = 12$$

이 수치를 보고 무엇을 말할 수 있을까.

① 당초(2001년 말)의 불량채권 잔고는 44조 엔이었다. 이 가운데 파산 갱생 등의 채권은 8조 엔 이하로, 남은 36조 엔은 위험 채권 이하, 결국 아직 살아 있는 기업의 채권이었다(그림 5-6). 게다가 이 기간 중 신규 발생한 28조 엔의 불량채권(그림 5-7)은 2001년 말에는 정상 채권, 그러니까 원래 살아 있던 기업의 채권이었다는 말이다. 이 기간의 불량채권 72조 엔(2001년 말의 44조 엔 + 2006년 말의 신규 발생 28조 엔) 중에서 2001년 초에는 살아 있었던 기업의 채권은 64조 엔이었다.

② 2002~2006년에 금융기관이 오프밸런스화한 불량채권은 43조 엔이었다. 그중 8조 엔은 2001년 말 이미 파산 갱생 채권이었다고 치면 나머지는 35조 엔(43-8)이 된다. 결국 살아 있는 기업의 채권 중 55%(35/64)가 '불량채권 처리' 정책으로 죽은 셈이 된다.

③ 한편 이 시기에 정상화된 불량채권과 변제된 불량채권은 합쳐서 17조 엔이었다. 살아 있는 기업의 불량채권 중 3분의 1(17/64)은 정상화되었거나 변제되었음을 뜻한다.

④ 불량채권의 신규 발생이 정점을 찍은 것은 2002년으로 2003년 이후부터 감소세를 보이기 시작했다. 한편으로 정상 채권화

되었거나 변제된 채권 액수는 2003년 이후로 증가했다는 점에도 주목해보자. 2002년은 경기가 심하게 침체된 해, 2003년은 회복세로 돌아서기 시작한 해였다(그림 5 - 1). 경기가 나빠지면 불량채권은 늘고 경기가 좋아지면 불량채권은 줄어든다. 불량채권은 경기에 따라 늘거나 줄거나 한다. 불량채권은 경기의 함수인 것이다.

여기까지 보면 고이즈미 내각의 '불량채권 처리' 정책은 틀렸다는 것을 확실하게 알 수 있을 것이다.

첫째, '금융기관이 불량채권을 떠안고 있기 때문에 경기가 악화된다'(좋아지지 않는다)는 설은 이론적으로 설명되지 않는다('백서'에서 말하는 세 경로로는 설명되지 않는다).

둘째, 사실에도 위반한다. 1997년 이후의 경기 악화는 하시모토 내각의 금융 행정의 착오(금융기관을 파산시킬 필요는 없었다. 오부치 내각이 택한 정책을 빠르게 취해야 했었다) 때문이었다. 그리고 2002년 이후의 경기 침체는 고이즈미 내각이 취한 불량채권 처리 정책 때문이었다(기업 도산 증가, 실업자 증가 등).

불량채권 문제에 대처하는 현명한 방법은 경기를 악화시키지 않는 것이고, 만일 악화되기 시작한다면 조기에 자본을 투입해서 금융위기의 발생을 막는 것이 가장 중요하다. 실제로 2003년 레소나 그룹과 아시카가은행의 경영 위기 때 최종적으로 고이즈미 내각(금융청)이 취한 방책이기도 했다.

'공격적인
구조개혁'

'관에서 민으로'
그리고 '규제 개혁'

고이즈미 '구조개혁' 계획의 대부분은 앞에서 보았던 것처럼 '호네부토 방침' 제1탄(2001년)에 나와 있다. '불량채권 처리'부터 우정 민영화를 포함한 다양한 제도 개혁까지 전부. 그 전체 모습을 하나로 파악하는 것은 꽤나 어려운 일이지만 굳이 그 논리를 정리하면 다음과 같다.

① 목표는 일본 경제의 재생이다. 일본 경제가 가진 잠재력을 충분히 발휘해야만 하며 이를 위해 '구조개혁'이 필요하다.

② 그 첫걸음이 '수비적인 개혁(경제재정백서 2005년판)'에 있지만 불량채권 처리를 서둘러야 한다.

③ 이어서 '공격적인 개혁(경제재정백서 2005년판)'으로 전환한다. 민간이 할 수 있는 것은 가능한 한 민간에 맡긴다. 민영화를 강력하게 추진하여 '민간 부분의 활동의 장과 수익 기회를 확대할' 필요가 있다.

④ 그리고 '민간의 활력을 발휘시키는 환경 정비'에 힘쓴다. 필요한 것은 '규제 개혁'과 '제도 개혁'이다.

다케나카 재정정책담당대신은 재임 중 자신의 이름으로 간행된 책 〈내일의 경제학〉에서 '구조개혁의 본질은 공급 측을 강화하는 것이다' 라고 적었다. 그대로다. '어떻게 강화하느냐고 묻는다면 규제 개혁을 추진하여 경제 원리를 작동시킴으로써, 즉 강자만 살아남음으로써였다.

다음으로 고이즈미 내각에서 실시된 '공격적인 개혁'의 경과를 살펴보자.

'관에서 민으로' 작은 정부를 지향한다

2005년판의 '경제재정백서'는 총 3장 중 1장을 할애하여 '관에서 민으로: 정부 부문의 재구축과 그 과제'라는 제목에 '작은 정부란', '관에서 민으로 이행하는 다양한 방법', '작은 정부를 지향하기 위한 과제' 등의 표제어 아래 '작은 정부'가 어떻게 경제성장에 기여하는지, 이를 실현하기 위해서 어떤 방책이 있는지를 해설하고, 그렇기 때문에 실행해야 한다는 논리를 펴고 있다. 여기에는 많은 수고가 들어갔음에도 근본적인 의문이 있다. 당시의 일본 정부는 구미의 주요국 정부에 비해 꽤나 '작은 정부'였다는 것이다.

첫째, 지출 규모가 작았다(그림 5 - 8). 정부 지출의 GDP 대비 비율은 OECD 가맹국 중 6번째로 낮았다. 지출 목적별로 4개로 분류해서 분야별로 비교하면 일반 서비스·치안, 문화·교육, 보건·사회보장의 세 분야에서 구미 주요국에 비해 작았고, 경제·공공서비스에서만 일본이 큰 정부라고 할 수 있었다(그림 5 - 9).

그림 5-8. OECD 국가의 일반 재정 지출 규모(명목 GDP 대비, 2004년)

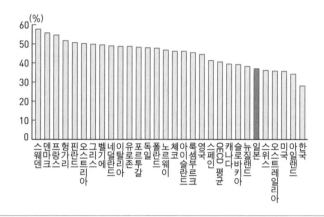

출처 | 내각부 '경제재정백서(2005년판)'

그림 5-9. 주요 국가 재정 지출 내역(2002년)

(명목 GDP 대비, %)

	일본	영국	프랑스	독일	이탈리아
일반 서비스·치안	5.5	9.2	10.7	9.1	12.4
경제·공공	7.6	3.6	7.0	5.8	4.9
문화·교육	4.7	5.8	6.8	4.9	5.8
보건·사회보장	20.4	23.2	29.0	29.0	25.0
합계	38.1	41.8	53.4	48.7	48.0

주 | SNA(국민경제계산)에 기초하여 분류했다

　　일반 서비스: 일반 공공서비스, 방위, 공공질서 · 안전

　　경제·공공: 경제 업무, 환경 보호, 주택 · 지역 정비

　　문화 · 교육: 오락 · 문화 · 종교, 교육

　　보건 · 사회보장: 왼쪽과 같음

출처 | 내각부 '경제재정백서(2005년판)'

그림 5-10. 규제의 국제 비교(OECD 제품 시장 규제 지표)

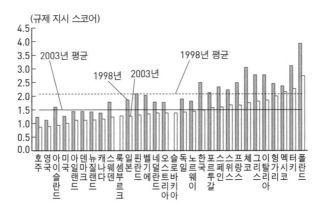

출처 | 내각부 '경제재정백서(2005년판)'

둘째, 정부의 규제 강도 측면에서 2003년 일본은 강한 순서로 20번째, 약한 순서로 11번째에 위치한다. 굳이 따지자면 약한 쪽, 작은 정부 그룹에 들어간다(그림 5 - 10).

셋째, 공무원 수로 봐도 인구 1,000명당 독일 70명, 미국 74명, 영국 78명, 프랑스 96명에 비해 일본은 42명으로(그림 5 - 11) 압도적으로 적은 편에 속했다. 국가공무원과 지방공무원 모두 그렇다.

첫째와 둘째 사항은 '백서'에도 나와 있고 도표도 게재되어 있다. 어째서인지 셋째 사항은 민간 싱크탱크에 위탁 조사되었으나 기재되어 있지 않다.

그림 5-11. 주요 국가 공무원 수(인구 1,000명당)

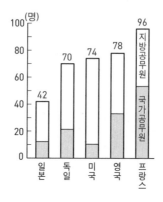

주 | 영국은 풀타임 환산, 미국과 독일의 국가공무원은 연방정부만, 주정부 직원은 지방공무원
　　으로 분류
출처 | 노무라종합연구소 '공무원 수의 국제 비교 조사(2005년 11월)'

　　이러한 현실을 직시하면 먼저 일본 정부는 할 수 있는 모든 조치
를 취했는지, 그만큼 국민의 본인 부담이 무거워지지 않았는지, 게다
가 일본의 공무원은 부담이 지나치게 무겁지 않았는지가 느껴진다. 쉬
운 예로 초등교육에서 한 반당 학생 수가 많다고 해보자. 학생(국민)의
입장에서 보면 1인당 선생님 수가 적은 게 되고, 선생님(공무원)의 입
장에서 보면 담당하는 학생 수가 많은 게 된다. 결국 일본의 학생들은
한 명이 교사 서비스의 30분의 1밖에 받지 못하지만, 이에 비해 구미
의 학생들은 약 1.5배인 20분의 1의 서비스를 받는다. 반대로 교사의
입장에서 보면 일본의 선생님은 한 명이 30명의 학생을 관리하지만,
구미의 선생님은 20명의 학생을 관리하기만 해도 된다는 것이다(그림

5-12). 이와 비슷한 경우는 다른 분야에서도 볼 수 있다.

그럼에도 불구하고 고이즈미 내각은 '작은 정부'를 주장했고 국가는 우정사업과 도로공단의 민영화, 국립대학의 독립행정 법인화 등을 실시하여 우정 직원 28만 명을 시작으로 약 50만 명의 공무원을 비공무원으로 만들었다. 또한 '공무원의 총인건비 삭감과 정원의 순감소 목표'를 제창하여 국가공무원 수의 삭감과 인건비 감축 등을 실시했다.

이러한 '작은 정부' 정책의 대상이 된 것은 국가만이 아니었다. 지방자치단체도 그 대상으로 다양한 업무에서 민간 위탁 등을 하도록 장려했다. 재정 면에서 강한 제약을 받는 자치단체는 이 방침을 따라야 하는 상황이 만들어진 것이다.

그림 5-12. 1학급당 학생 수의 국제 비교

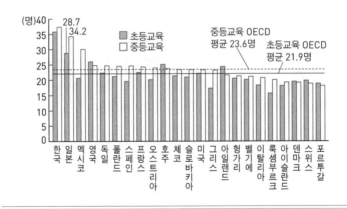

주 | 일본 국공립학교의 평균 학급 규모(2002년)는 초등교육 28.7명, 중등교육 34.2명으로 OECD 평균을 웃돈다. OECD 가맹국 중에서도 높은 나라에 속한다
출처 | 문부과학성 홈페이지

'관제 워킹 푸어'의 발생과 증가

이런 정책 아래에서 생겨난 것이 '관제 워킹 푸어'로 불리는 비상근 공무원의 출현이다. 급여는 시급에 환산되어 최저임금 수준, 몇 해를 일해도 월급 인상이 거의 없는 혹독한 대우는 후세 데쓰야의 '관제 워킹 푸어' 등의 르포에서 볼 수 있다.

주목할 점은 이 추세가 고이즈미 내각 시기에만 그치지 않고 이후에도 계속되었다는 것이다. 2005년을 시작으로 2008년 이후 4년마다 실시하는 총무성 '지방공무원의 임시·비상근 직원에 관한 실태 조사'에 의하면 2016년 64만 명으로 2005년에 비해 195만 명 증가했다(그림 5-13).

그림 5-13. 임시직, 비상근직 지방공무원 추이

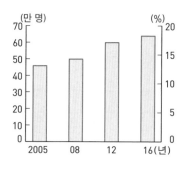

주 | 매년 4월 1일 기준
출처 | 총무성 '지방공무원 임시·비상근 직원 실태 조사'

직종별로 그 수가 많은 순으로 보면 사무 보조 10만 명, 교원 · 강사 9만 명, 보육교사 6만 명, 급식 조리원 4만 명, 도서관 직원 2만 명 등이었다.

'국가공무원의 비상근 직원에 관한 실태 조사(내각관방, 2016년 9월)에 의하면 56,000명(국가 행정기관의 일반직 정원 30만 명의 20%)이 이에 해당된다.

이렇게 국가와 지방의 '관제 워킹 푸어'의 존재는 전부 고이즈미 '구조개혁'의 선물로, 이것이 비대화된 것이라고 할 수 있다.

'규제 개혁', 경쟁 원리를 작동시킨다

'작은 정부'와 나란히 하는 '공격적인 구조개혁'의 큰 축은 규제 완화(고이즈미 내각의 말을 빌리면 '규제 개혁')였다.

전후 역대 정부의 '규제 완화'의 역사는 길다. 이미 1970년대 중반에는 '행정 간소화'를 목표로 '임시행정조사회(제1임조)'가 설치되어 있었다(1961~1964년, 이케다 하야토 내각).

20년 뒤 '제2임조(1981~1983년, 스즈키 젠코 내각이 창설, 나카소네 야스히로 내각에게 최종 답신 제출)'가 설치되었고, 해산 후 답신을 실현할 '임시행정개혁추진심의회(행혁심, 1983년)가 설치되었다. 이후는 다양하게 명칭을 바꾼 심의회에서 규제 완화의 '추진 계획'이 세워지거나 그 실행이 '감시'당하기도 했다.

'제2임조' 설치부터 고이즈미 내각의 발족까지는 20년이라는 시간 차가 있다. 그 사이 '규제 완화' 혹은 '규제 개혁'은 정부의 주요 과제로써 계속되어 왔다.

단 그 기간 동안 '규제 완화'의 주된 목적은 '행정 사무의 간소화'에서 '민간 경제 활동의 활성화'로 그 축을 옮겨왔다는 데 있다. 또한 대상이 되는 '규제'는 '경제적 규제'가 중심이었던 것이 '사회적 규제'도 포함하는 것으로 범위가 넓어졌다. '규제 완화'라는 표현도 '규제 개혁'이라는 표현으로 바뀐 것이다(1999년, '규제완화위원회'를 '규제개혁위원회'로 명칭 변경).

고이즈미 내각의 '규제 개혁'은 이러한 흐름의 연속선상에 있다. 따라서 이 '개혁'은 고이즈미 내각 발족 이전의 모든 '개혁'의 종지부를 찍는 것으로(특히 '경제적 규제'에 있어서 그랬다) 점점 '사회적 규제' '개혁'이 중요시되었다고 볼 수 있다.

20년간에 걸친 앞선 정부의 '규제 개혁'의 흐름을 전부 이어받은 고이즈미 내각이라고 해도 5년간 실현한 규제 개혁은 1,500항목 이상이었다(고이즈미 내각이 작성한 팸플릿)고 한다. 기록되어 있는 내역은 없지만, 신문 등에서 얻은 정보에 의하면 경제적 규제의 '개혁', 그것도 신규 진입 규제의 완화 내지 철폐가 주된 것이었다. 주류 판매업 면허 개정, 도매시장법 개정, 할부판매법 개정, 은행법 개정 등 어느 것이나 '수급 조정 규제를 폐지하고 신규 진입을 자유화하는 것'이었다.

신규 참여를 자유화하여 업계의 경쟁을 활발하게 만든다. 이런 활력 속에서 강자, 효율적으로 경영하는 사람이 살아남아 결과적으로 경제가 효율화하고 일본 경제가 강해진다. 이것이 '개혁'의 노림수라고 할 수 있다. 단 다른 결과도 불러일으킨다. 경쟁이 심해지면 기업은 경영의 효율화, 즉 비용 절감에 힘쓴다. 임금은 정체되고 노동 조건은 가혹해지고 약자에게 '개혁의 고통'이 전가된다. '개혁'의 또 다른 결과다.

대표적인 사례로 택시 업계를 들 수 있다. 도로운송법의 개정으로 당시까지는 '수급 밸런스를 고려한 면허제와 인가제'였던 것이 신규 참여 자유화가 실행되었다. 이로 인해 택시 업계의 경쟁이 격화되어 기업 경영이 어려워졌다. 기사의 수입이 줄어들었고, 근무 시간이 장기화되었으며 사고가 증가했다. 뉴욕, 런던, 파리, 로마 등 세계의 대도시에는 대부분 택시 대수 규제가 있다. 규제의 이유를 묻고, 규제 완화의 시비를 확실히 검토해야 했다. 하지만 그런 흔적은 보이지 않는다.

다시 앞의 팸플릿 이야기로 돌아가자.

거기에 고이즈미 내각이 실현한 4가지 '규제 개혁'의 예가 인용되어 있다. 첫 번째가 '보험 진료와 보험 외 진료의 병용', 두 번째가 '유아 교육 · 보육의 일체화', 세 번째가 '파견 노동에 관한 규제 완화'다. 네 번째는 생략한다.

첫 번째와 두 번째는 말하자면 '사회적 규제'에 가까운데 '규제 개혁'보다도 '새로운 규칙의 채용'이라고 불러야 할 것이다. 여기서는 이 규칙의 시비에 대해 판단을 피하겠지만 앞에서 본 '경제적 규제'의 완화와 함께 생각하면 고이즈미 '규제 개혁'은 점점 위험한 영역에 들어서고 있었다고 말할 수 있다

세 번째는 큰 문제가 있어 논란이 끊이지 않았던 규제 완화다.

노동자파견법이 제정된 것은 나카소네 내각 당시인 1985년이었다. 당시 파견이 인정되던 업무는 소프트웨어 개발, 통역 · 번역 · 속기,

조사, 재무 처리 등 '전문 지식이 필요한 13개 업무'만이었다. '상용 고용 노동자의 대체를 촉구하지 않도록 충분히 배려할 필요가 있다'는 중앙직업안정심의회의 '입법화로의 의견서'가 있었고, 또 파견 노동자가 불리한 계약을 받아들이지 않도록 배려했기 때문이다.

이것이 법 시행 이후 ①대상 업무를 16개 업무로 확대(1986년), ②26개 업무로 확대(1996년), ③대상 업무를 원칙 자유화(금지 업무만을 지정하는 네거티브 목록화, 1999년)라는 규제 완화가 고이즈미 내각 출범 전에도 시행되고 있었다.

이러한 흐름에서 고이즈미 내각이 시행한 '개혁(2003년)'은 두 가지였다. 하나는 금지 목록에서 '물품 제조 업무'를 뺀 것이고, 다른 하나는 '1년'으로 제한되어 있던 파견 기간을 '3년'으로 연장한 것이다. 이 '개혁'을 가리켜 고이즈미 내각은 '파견 노동자가 다양한 노동 방식을 선택할 수 있게 되었다', '파견 노동자로서의 고용 기회가 증대되었다'고 평가하고 있다(팸플릿). 해석하기 나름이었다.

하여튼 이렇게 '노동자파견법'은 대부분의 업무에(계속해서 네거티브 목록에 남아 있는 것은 건설, 항만 운수, 경비, 의료 관계 등 극소수가 되었다) 3년간은 고용할 수 있다는 제도로 바뀌었다. 상용 고용의 대체 금지라는 법 정신은 마이동풍이 되었다.

이 규제 개혁의 부작용은 리먼 쇼크로 나타나는데 이에 관해서는 이 장의 마지막에서 살펴본다.

'구조개혁 특구' 창설

이러한 다양한 각각의 규제 개혁에 더해서 고이즈미 내각은 '구조개혁특별구역법'을 제정하여(2002년) 전국 각지에 '구조개혁 특구'를 설치했다.

'특별법'이 정하는 바에 따르면 다음과 같다. ①정부가 모집하고 지자체, 민간 기업, 개인이 '규제의 특례 조치에 제안'한다. ②'제안'을 받은 정부는 관계부서와 협의하여 합의된 것은 특구의 요건을 정한다(메뉴화). ③지자체는 '메뉴'에 따라서 특구 계획을 작성하여 신청한다. 특구 계획이 인가되면 인가를 받은 지역은 해당 규제가 완화된다.

이 '제안' → '메뉴화' → '인가'의 단계는 원칙적으로 연 3회 시행되어 많은 특구가 탄생했는데 이야기는 아직 끝나지 않았다. ④'특구' 설치 후 1년 이내에 '특례 조치의 사회적 효과를 정책적으로 평가하여 전국으로 확대하는 데 문제가 없다'고 검토된 것은 '해당 규제를 규정한 법률 개정'이 행해진다. ⑤따라서 '특구'는 해소되고 전국으로 시행하는 시스템이다. '특구'는 전면적인 '규제 개혁'을 실시하기 위한 첫 단계인 것이다. 2019년 3월의 내각부 발표에 따르면 2002년부터 누계 1,327개의 특구가 설정되어 그중 909건이 전국으로 시행되었다.

이 '구조개혁 특구' 제정은 소규모 특구가 많았다는 점도 있고, 어느 정도 지역경제 활성화에 공헌했다는 점에서 좋게 봐줄 수 있다.

그러나 전국 시행(규제 폐지)이라면 이야기가 달라진다. 기업이 유휴 농지를 임대하여 농사를 지은 사례도 있다. 이렇다 할 폐해가 생기지 않았다는 점에서 이후 전국으로 시행되었는데(2005년) '농업법'의 대개정(2009년)으로 주식회사의 농업 경영이 적극적으로 행해진 경우다. 인구 과소화로 농사짓는 사람이 줄어든 농촌에서 농업을 책임지겠다는 기업이 나타나면 그 기업에 농지 대여를 허가하고 농업을 맡기는 것은 좋다. 그러나 이러한 '특구'를 인가하는 것과 기업이 어디든 농지를 빌려서 농사를 지어도 좋다는 것은 전혀 다르게 인식해야 한다. 이 경우를 보면 주식회사의 농업 참여를 인가한 것은 처음부터 고이즈미 내각이 의도한 것이었으며, 이를 위한 '특구'가 잘 이용되었다고 생각할 수 있다.

'특구'를 전국으로 실시하기 위해서는 전문가로 구성된 '평가·조정위원회'의 찬성을 얻어야 한다고 규정에 나와 있다. 하지만 '특구'가 이미 전면적인 규제 개혁을 실시하기 위한 첫 단계로 자리매김했으면 '평가·조정위원회'가 전국 실시에 제동을 걸기는 쉽지 않을 것이다.

또한 이 '구조개혁 특구'에 익숙해졌는지 이후 민주당 정권에서는 '종합 특구(2011년)', 제2차 아베 내각에서는 '국가전략 특구(2013년)'가 설치되었다.

어느 것이나 일정 지역에 한해서 규제를 완화하거나 없앤다는 점에서 '구조개혁 특구'와 같지만 규모는 훨씬 컸다. 그리고 둘 다 규제 완화뿐 아니라 세제·재정·금융 면의 지원도 받았다는 차이가 있다. '국가전략 특구'는 계획과 방침의 결정에 지자체가 아닌 정부가 깊이 관여하는 시스템이었다. 가케 학원 문제와 같은 정권 상위층과 사업자 간의 유착이 의심되는 사례가 나오는 등 고이즈미 내각도 '특구'라는 나쁜 선례를 만들었다.

재정·세제·사회보장제도 개혁

고이즈미 내각의 재정·세제·사회보장의 정책 내지는 개혁을 살펴보자.

고이즈미 수상은 취임 당시의 소신 표명 연설에서 '헤이세이 14년(2002년) 예산에서는 재정 건전화의 첫걸음으로 국채 발행을 30조 엔 이하로 억제하는 것을 목표로 한다'고 말했다. 또한 '호네부토 방침(2001년)'에서도 똑같이 '재정 건전화의 첫걸음으로 국채 발행을 30조 엔 이하로 억제하는 것을 목표로 한다'고 적었다.

이러한 '국채 발행 30조 엔 이하' 방침이 '재정 건전화'의 첫걸음이었다면, 다음 목표로는 '기초 재정수지(프라이머리 밸런스)의 흑자화'가 있었다. 이 점은 소신 표명 연설에서도 '지속 가능한 재정 밸런스를 실현하기 위해, 예를 들면 과거 부채의 이자 지불 이외의 세출은 신규 부채에 의존하지 않는 것을 다음 목표로 하는 등의 본격적인 재정 건전화에 몰두하겠다'고 말했고, 2003년 6월 내각 회의에서 결정된 '호네부토 방침'에도 '중앙과 지방을 합친 기초 재정수지를 2010년대 초반까지 흑자화하는 것을 목표로 한다'고 적었다.

이 두 가지 목표의 실적은 어땠을까.

'국채 30조 엔 이하'는 몇 년 내로 달성할 수 없다

고이즈미 내각의 6년간의 실적을 보면 '국채 발행 30조 엔 이하'라는

목표가 달성된 것은 첫해(2001년)와 마지막 해(2006년) 두 해뿐이다
(그림 5-14). ①공공사업 관계비를 거의 매년 삭감하고(그림 5-15)
사회보장 관계비를 유지하는 등 세출을 억제하려고 했지만 충분히 억
제되지 않았고, ②특히 2000년대 전반에는 불량채권 처리 정책에 의
한 경기 악화로 세수가 줄어들었기 때문이다(그림 5-14).

국채 발행액이 30조 엔을 가까스로 밑돌았던 2001년(당초 예산 편
성은 모리 내각이 했으며 고이즈미는 제1차, 제2차 추경예산 편성)에도 본
디 '국채정리기금'에 넣으려고 했던 NTT 주식의 매각 수입을 특례법
을 마련하여 일반 재정에 편입하는 등 다양한 방법을 쓴 끝에 달성한
것이었다.

그림 5-14. 국가 일반회계(세출, 세수, 국채 발행액) 추이

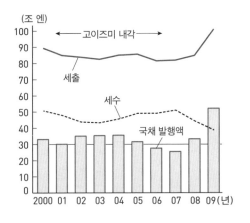

출처 | 재무성 홈페이지

그림 5-15. 공공사업 관계비 추이

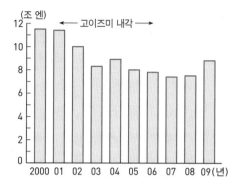

주 | 추경 후 예산 기반
출처 | 재무성 홈페이지

또한 간신히 30조 엔 이하로 억누른 마지막 해였던 2006년에도 지방교부세 교부금을 큰 폭으로 삭감하는 등 상당한 무리수를 동원해야 했다.

기초 재정수지 목표, 지방은 달성했지만

기초 재정수지는 2001년의 마이너스 4.2%(명목 GDP 대비)에서 2003년의 마이너스 5.6%로 크게 악화되다 2004년 이후 개선되기 시작하여 2006년에 마이너스 1.7%까지 줄어들었다(그림 5-16). 국가와 지방별로 보면 지방 자치단체는 2004년 0.0%로 균형 상태가 되어

2005년 이후 흑자가 되었다. 국가에 비해 재원 조달에 자유도가 적은 지방 자치단체는 더욱 엄격한 세출 억제책을 펴지 않을 수 없었기에 나온 결과로 생각된다. 2006년에는 유바리 시가 재정 재건 단체 신청을 하기도 했다. 재정 위기 의식이 많은 지방 자치단체에 침투해간 것이 크게 영향을 준 적도 있다. 피해를 입은 것은 복지 서비스를 삭감당한 주민이었고, 인력 감소로 노동 조건이 강화된 지방공무원이었다.

그러나 이러한 기초 재정수지 균형으로의 움직임은 2008년과 2009년 리먼 쇼크의 영향으로 일거에 날아가고 말았으나(그림 5-16) 이것은 고이즈미 내각 이후의 일이다.

사회보장제도 개혁 실시

고이즈미 내각의 재정 건전화 정책으로 가장 큰 영향을 받은 것은 사회보장제도다. 연금, 의료, 간호, 생활 보호 등 모든 분야에서 대대적인 개혁이 실시되었다.

연금 분야(2004년 개혁)에서는 ①후생연금, 국민연금 모두 2017년까지 매년 보험료의 단계적 인상과 ②거시경제 슬라이드(사회 전체의 보험료 부담 능력이 늘어나는 것을 연금액에 반영시키는 방식) 도입 등이 결정되었다. '지속 가능한 연금제도', '100년 안심 플랜'이라는 이름을 내건 제도 개혁이었다.

의료 분야에서는 본인의 의료비 부담이 원칙적으로 3할로 인상되었고(2002년 개혁), 후기고령자 의료제도 창설이 결정되었다(2006년 개혁).

그림 5-16. 기초 재정수지(프라이머리 밸런스) 추이

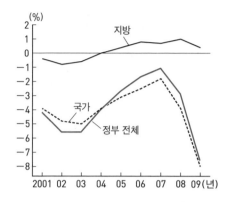

주 | 기초 재정수지의 GDP 대비 비율
출처 | 내각부 홈페이지

생활 보호 분야에서는 노령 가산, 한부모 가산의 폐지 방침이 결정되었다(2004년, 2005년 개혁).

증세 조치를 포함해 사람들의 생활 시점에서 주요 '개혁'을 정리하면 '그림 5-17'과 같다.

이뿐만이 아니다. 고이즈미 내각이 2006년 7월 내각 회의에서 결정한 '호네부토 방침(2006년)'에는 그 말미에 '향후 5년간의 세출 개혁의 개요'라는 제목의 표 하나가 게재되어 있다. '2011년까지 기초 재정수지의 흑자화를 달성하기 위해 해소해야 할 필수 금액은 16.5조 엔 정도'로, 이를 위해서는 '적어도 11.4조 엔 이상의 세출 삭감으로 대응해야 한다'며 분야마다 삭감액을 명시하고 있다. 이에 따르면 2011

그림 5 – 17. 고이즈미 내각 아래에서 국민 부담 증가

	세제	연금	의료	간호·돌봄	생활 보호	기타
2002	노인 대상 소액 저축 비과세 제도 폐지		의료제도 개혁 관련법 개정 (본인 부담 3할로)			고용보험법 개정 (요율 인상)
2003	소득세, 배우자 특별공제 폐지			65세 이상의 간호 보험료 인상		
2004	소득세·주민세, 노년층 공제 폐지	연금제도 개정 (보험료 인상 등)			노령 급여 감축 (06년에 폐지)	
2005	정률감세 감축		의료보험 제도 개정 (70세 이상 자기부담률 인상 등)	간호 보험법의 개정 (식비, 거주비 전액 자기부담화)	한부모 급여 감축 (09년에 폐지)	고용 보험료 인상
2006	정률감세 폐지		건강보험법 개정 (후기 고령자 의료제도 창설)	65세 이상 보험료 인상		

주 | 연차는 결정년

년 사회보장 지출액은 39.9조 엔이지만 각종 개혁을 통해 1.6조 엔 삭감한 38.3조 엔으로 줄이는 것이 목표라고 쓰여 있다. 매년 자연 증가분(제도를 그대로 두고 고령 인구의 증가에 동반되는 사회보장 지출의 증가액)을 3,200억 엔 정도 삭감한다는 계획이다. 제도의 개혁(개악!)은 아직 갈 길이 멀고 향후에도 계속되어야 한다고 전하고 있는 것이다.

이뿐만이 아니다. 이 표에 맞춰 '세출 개혁에서 대응할 수 없는 필수 대응액(2~5조 엔)은 세입 개혁에 따라 대응해야 한다.' 골자는 증세가 필요하다는 것이다.

세출 삭감과 증세에 의한 세입 증가, 이것이 고이즈미 내각이 다음 내각에게 넘긴 과제였다.

경기는
수출 주도로 회복했지만
내수 부진이
이어졌다

고이즈미 내각의 '개혁'이 실시되던 당시 일본 경제의 동향을 보자.

고이즈미 내각 출범 초 하락하던 경기는 내각 출범 다음 해인 2002년 1월 바닥을 찍고 회복하기 시작했다(그림 1-1, 1-3). 중국의 고성장과 미국 IT 버블 붕괴에 의한 불황에서 탈출하는 등 세계 경제가 호전되어 수출이 증가한 것이 그 배경이었다.

그러나 불량채권 처리의 촉진으로 2002년에는 설비 투자가 큰 폭으로 하락하는 등 민간 수요는 더욱 부진하여 경기가 회복세로 바뀌었음에도 2002년의 GDP 실질성장률은 0.1%에 그쳤다(그림 5-1).

실질성장률이 올라가기 시작한 것은 2003년부터였다. 불량채권 처리라는 충격이 완화되면서 설비 투자가 증가로 전환되어 민간 수요 기여가 플러스가 되었고, 이것이 해외 경기 호조에 힘입어 호황을 누리던 수출과 함께 경기 회복을 견인한 것이다. 이런 추세는 고이즈미 내각의 마지막 해였던 2006년까지 계속되었다. 반면 이 시기 공적 수요는 대부분의 해에서 경제성장 기여도가 마이너스였다. 공공투자를 억제하는 고이즈미 내각의 정책에서는 당연한 결과였다.

2002년에 시작된 경기 회복기를 보면 수출 증가가 기여하는 바가 매우 크다는 것을 알 수 있다. '그림 5 - 1'에서도 명확하게 나타나지만 2002년 이후 각 해의 실질성장률과 거기서 수출 증가 기여분을 뺀 숫자를 산출하면 '그림 5 - 18'의 결과를 얻을 수 있다. 대략의 숫자지만 수출 증가가 없었다면 이 시기 각 해의 실질성장률은 1% 이하가 되었을 것이다.

'구조개혁 없이 경기 회복은 없다'라는 구호는 이 시기 고이즈미 내각이 누차 입에 담고 살았던 말이었다. 하지만 '실컷'이라고 말할 정도의 '구조개혁'을 실시했음에도 이 '개혁'이 불러온 경기 회복은 없었다. 경기 회복은 오로지 수출 증가에 따른 것이었다. 즉 해외, 특히 중국 경제가 호조였던 은혜를 입은 것에 불과했다. 바꿔 말하면 '구조개혁 없이 경기 회복은 없다'라는 구호는 허언이었다.

그림 5-18. 수출 증가에 따른 경기 회복

(단위 : %)

연도	GDP 실질 성장률	수출 증가 기여분을 제외한 성장률
2002	0.1	△0.7
2003	1.5	0.5
2004	2.2	0.5
2005	1.7	0.8
2006	1.4	0.0

주 | '그림 5-1'을 기반으로 산출
출처 | 내각부 '국민경제계산'

리먼 쇼크에 의한
'구조개혁'의
모순의 표면화

2006년 9월에 자민당 총재로서의 임기(2기 6년) 종료와 함께 고이즈
미 내각은 퇴진하고 아베 신조 내각이 출범했다. 이후 제1차 아베 내
각(2006년 9월~2007년 9월), 후쿠다 야스오 내각(2007년 9월~2008년
9월), 아소 다로 내각(2008년 9월~2009년 9월)으로 1년밖에 유지되지
못한 단명 내각이 이어졌다.

　고이즈미 이후 출범한 세 내각이 거쳐간 3년간은 국제 정치와 경제
양면에서 큰 파란이 생긴 시기였다.

2007년 7월 참의원 선거에서 정부 여당 참패

첫 번째 파란은 국내 정치에서 일어난 일로 2007년 7월의 참의원 선
거에서 아베 내각이 이끄는 여당인 자민당과 공명당 양당이 대패한 것
이었다(자민당 64 → 37, 공명당 12 → 9). 결과적으로 아베 내각의 참
의원 의석 수는 105석이 되어(자민당 83석, 공명 20석, 그 외 2) 과반수
(121)에 미치지 못했다(일본 참의원의 임기는 6년이며 3년마다 절반씩을

선출한다. 당시 참의원 의석은 242석이었으므로 총원의 절반인 141명이 선출되었다. 2020년 현재 총의석은 245석이다-옮긴이). 이와 반대로 민주당은 대승을 거두었다(32 → 60, 참의원 총의석 81 → 109). 여기에 아베 정권의 정책에 확고한 반대를 표명한 공산당, 사민당, 국민당을 합치면 야당의 의석 수는 125석이 되었다. 아베 내각이 법안을 제출해서 중의원을 통과시켜도 참의원에서는 부결되는 상황이 만들어진 것이다.

아베 내각은 '아름다운 나라 만들기', '전후 체제에서 탈출'을 슬로건으로 내세워 출범했다. 내각이 성립된 2006년부터 참의원 선거의 결과가 나온 2007년 7월 사이에 아베 내각은 교육기본법의 개정, 방위성설치법의 개정(청에서 성으로 승격), 헌법개정절차관련법(국민투표법)의 제정 등을 실현시켰다.

2007년 초 국회에서의 시정 방침 연설(2007년 1월)에서도 아베 수상은 '전후 체제를 원점으로 거슬러올라가 이를 두려움 없이 직시하고, 새로운 출발을 해야 할 때가 왔습니다. … 다가오는 50년, 100년의 시대의 거친 파도를 견뎌내는 새로운 국가상을 그려가는 것이 저의 사명입니다'라고 말하며, '올해를 아름다운 국가 창조의 원년으로 삼아 제가 앞장서서 … 다양한 개혁의 실현을 목표로 제 몸과 마음을 다해 멈추는 일 없이 전진할 각오가 되어 있습니다'라고 결의를 표명하기도 했다.

그러나 이것도 참의원 선거의 결과가 나올 때까지의 일이었다.

2007년 7월의 참의원 선거에서 아베 내각과 여당이 참패한 데는 크게 세 가지 원인이 꼽힌다. 첫 번째는 아베 수상의 각료 인사의 실패였다. 내각 출범 때부터 1년도 채 지나지 않은 사이에 6명의 각료가 사무실 경비 부정 처리 혐의로, 또 부적절한 발언('여성은 애 낳는 기계', '원폭 투하는 어쩔 수 없었다' 등)으로 많은 규탄을 받았다(그중 한 명은 자살, 네 명은 사임). 2006년 7월의 자민당 총재 선거에서 아베 총재가 선출된 후 공적이 있는 사람을 각료로 기용하여 '논공행상 내각', '친구 내각' 등으로 당시의 언론으로부터 야유받았던 아베 내각의 결점이 드러난 결과였다.

두 번째는 2007년 2월 사회보험청의 연금 기록 부실(약 5천만 건)이 드러난 것으로, 본래 받았어야 할 연금을 받지 못한 상황에 놓인 사람이 다수 나왔다('사라진 연금 문제'). 1997년의 기초연금 번호 도입 이후의 사무 처리 과정에서 불거진 문제로, 역대 정부에게 책임을 물어 집권 여당에게는 선거에서 불리하게 작용될 터였다.

세 번째는 최대 야당인 민주당이 2006년 4월의 오자와 이치로 당 대표(간 나오토 대표 대행, 하토야마 이치로 간사장) 체제로 교체한 이후 종래의 마에하라 세이지 대표가 2006년 2월의 가짜 이메일 사건의 책임을 지고 사퇴하기까지의 '대안 노선(민주당의 주장은 고이즈미 내각이 취한 '구조개혁'과 공통한다며 '개혁'의 속도와 수단에서 경쟁하는 노선)'에서 고이즈미의 '구조개혁'을 부정하는 '대립축 노선'으로 전환하여 세간의 지지를 모은 일이었다.

레임덕에 빠진 고이즈미 후계 3내각

참의원 선거에서 대패한 이후의 아베 내각, 그 뒤를 이은 후쿠다 내각과 아소 내각은 '개혁' 정책을 실시할 수 없는 레임덕 내각이었다. 아니면 태세 전환을 위해 혹은 그 이상으로 자신들의 상황을 악화시키지 않기 위해 총선거에서 승리할 오로지 그 시기만을 노리는 '해산만을 노리는 정권'이었다.

먼저 아베 내각이다.

아베 수상은 참의원 선거 후인 2007년 8월 내각 개조를 단행했다. 출범 후 며칠 만에 농수대신(農水大臣)이 정치자금규정법 위반으로 사임(재임 8일)하는 불상사도 있었고, 자민당 영수급 인사를 주요 대신으로 임명하여 '파벌 영수 내각', 'PTA 내각'이라고 야유를 받는 등 개조 전 내각에서의 실패를 딛고 앞으로 기대되는 내각이기는 했다. 이런 각료를 이끌며 2007년 9월 10일에 개최된 임시국회에서 아베 수상은 '직책을 다하겠다'고 소신 표명 연설을 했다.

그런데 이 소신 표명에 야당의 대표 질문이 예정되어 있던 9월 12일 아베 수상은 돌연 사의를 표명했다.

아베 수상의 사임 이유는 '건강상의 문제'라고 나중에 본인이 밝혔지만, 생각건대 2007년 11월 1일에 기한 만료가 되는 '테러대책특별조치법(2001년 성립, 2년 시한으로 입법, 이후 몇 번 연장되어 왔다. 이 법으로 인도양에서 일본 해상자위대는 미 해군 군함에게 급유를 할 수 있었다)'의 연장이 야당의 반대로 통과되지 못해 결과적으로 미군에게 급유 활동을 못할 것을 지나치게 우려해 건강이 악화되어 사임했을 것으로 짐작된다.

이렇게 수상의 사임 표명이 있은 다음 2007년 9월 26일 내각은 총사직했다.

뒤를 이은 것은 후쿠다 내각이었다. 아베 개조 내각의 각료 태반(17

대신 중 13 대신)을 그대로 이어받은 내각이었다.

그러나 아베 내각에서 후쿠다 내각으로 바뀌었음에도 사태는 바뀌지 않았다. 후쿠다 내각이 거의 아무것도 할 수 없는 내각이었음에는 변함이 없었다. 아베 전 수상을 고심하게 만든 '테러대책특별조치법'은 2007년 11월 1일에 기한이 만료되어 효력을 잃었고 해상자위대는 인도양에서 철수했다. 이후 새롭게 '보급지원특별조치법안'을 국회에 제출하여 통과(2007년 11월 13일 중의원에서는 가결되었으나 2008년 1월 11일 참의원에서 부결, 그날 오후 중의원에서 3분의 2 이상의 찬성으로 재가결되어 성립)시켜 자위대 파견을 재개했다(새로운 법은 2010년 1월 15일 민주당 정권 때 기한 만료로 효력을 잃었다. 자위대 철수). 한 일이라고는 이 정도다. (일본 국회는 '중의원의 우월성'을 인정하고 있어 예산안 심의 등의 다양한 항목에서 중의원의 결정이 우선시된다. 한 법안에 대해 중의원과 참의원의 의견이 갈렸을 때 중의원에서 재투표를 시행하여 3분의 2 이상이 재찬성하면 중의원의 의견이 국회의 의견이 되는 제도가 반영된 사례다-옮긴이)

이러한 상황을 타개하기 위해서였을까. 후쿠다 수상은 오자와 민주당 대표를 불러 두 번의 '당수회담'을 개최했다(10월 30일, 11월 2일). 거기서 '대연립 구상'을 제의하여 민주당의 정책 대다수를 현 정권이 받아들이겠다고 제안하자 오자와 대표는 이에 전향적인 자세로 기울었다고 한다. 그러나 민주당 복귀 후 임시 간부회에서는 오자와 대표를 제외한 전 간부가 반대하여 '대연립'은 흐지부지되었다.

다음 해인 2008년 9월 1일 후쿠다 수상은 돌연 사의를 표명했다. 이유는 불명이지만 후쿠다 내각의 지지율이 내려가던 중에 '새로운 얼굴'을 선출하여 지지율을 높여보려는 해산, 총사직의 필요성이 있지 않았을까 하는 의혹이 있다. 후쿠다 내각은 총사직했고 뒤를 이어 아소 내각이 탄생했다(9월 24일).

2008년 9월 아소 '선거를 위한 내각' 출범, 여기서 리먼 쇼크가

아소 내각이 스스로 '선거를 위한 내각'이라고 인식한 것은 아소 수상 취임 당시의 소신 표명 연설(2008년 9월)을 보면 확실하게 알 수 있다.

'저 아소 다로는 이번에 … 황공하게도 어명을 받아 …'로 시작하는 이 연설은 본론으로 들어가자 느닷없이 '앞선 국회에서 민주당은 스스로가 세력을 잡은 참의원에 세제 법안을 방치해 두었습니다 … 정국을 첫 번째로, 국민의 생활을 두 번째, 세 번째로 하는 위세가 시종 계속된 것입니다'라고 민주당 비판을 시작했다. 그 다음 민주당에게로 요청과 질문이 이어졌다. '추경예산에서 받아들일 수 없는 점이 있다면 논거와 함께 대표 질문에서 제시해주십시오', '지방 도로 재원을 마련하는 관계 법안의 찬반도 듣고 싶습니다', '미일 동맹과 국제연합 양자 중에 무엇이 우선이고 후순위인지 … 논거와 함께 말씀해주십시오.' 마지막에는 '국회 운영에 있어 돈독한 협력을 요청합니다'로 마무리하는, 마치 선거 연설과 같은 '소신 표명'이었다.

동시에 '장수 의료제도(후기고령자 의료제도)'를 '고령자가 납득할 수 있도록 1년 내에 필요한 재검토를 하겠습니다', '노동자 파견제도의 재검토를 추진하겠습니다' 등 선거 공약 같은 '소신'을 '표명'한 것에 더해서 당장이라도 해산, 총선거를 단행할 것 같은 낌새를 풍기는 '연설'

이었다. 그런데 아소 내각은 50%에 가까운 출범 당시 상대적으로 높은 내각 지지율에도 불구하고(후쿠다 내각 말기의 지지율은 20%) 바로 국회 해산으로는 가지 않았다.

후쿠다 전 수상의 사의 표명에서 아소 내각의 발족 직후인 9월 15일 리먼 쇼크가 일어났다.

리먼 쇼크 이전부터 이미 '위기'는 시작되고 있었다. 미국의 저소득층 대상 주택 대출인 서브프라임은 2006년부터 연체가 급격히 늘어나는 등 부실 징후가 역력했다. 그와 함께 미국 국내는 물론 많은 나라에 판매되고 있던 주택대출 채권의 증권화된 형태인 서브프라임 증권의 가격 역시 크게 하락하기 시작했다. 이른바 '서브프라임 위기'가 시작된 것이다. 이 위기는 곧 서브프라임 증권을 많이 보유하고 있던 금융기관의 경영을 위태롭게 만든 '금융위기'로 비화되었다.

일본 금융기관의 서브프라임 증권 투자는 구미에 비해 적어 일본 경제가 받은 직접적인 피해는 적었다고도 볼 수 있지만, 서브프라임 위기로 발생한 구미 국가들의 경기가 둔화됨에 따라 일본 경제는 큰 영향을 받았다. 앞에서 봐온 것처럼 일본 경제는 고이즈미 내각의 '구조개혁' 속에서 국내 수요 증가 부진으로 완전한 수출 의존형 경제가 되어 있었다(그림 5-1, 5-19 참조). 따라서 후쿠다 내각 후반기인 2008년 3월부터 일본 경제는 하강 국면에 들어서고 있었다.

100년에 한 번 있을 경제위기에 대응해 시급한 경기 대책을 마련해야 했기에 아소 내각은 국회 해산, 총선거라는 시나리오를 가동할 수 없었다.

그림 5-19. GDP 실질성장률과 기여도 추이 ④

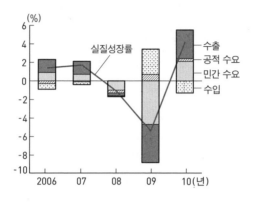

출처 | 내각부 '국민경제계산'

출범 당초 아소 내각은 이 위기를 가볍게 보고 있었다. 앞에서 본 소신 표명 연설에서 아소 수상은 '정부와 여당에게는 안심 실현을 위한 긴급 종합 대책(2008년도 제1차 추경예산)이 있습니다'라고 자신 있는 태도를 보였으며 '이 대책의 실행이 뒷받침되는 추경예산의 통과야말로 정말 시급한 일입니다'라고 호소하며 민주당의 협력을 요청했다. 그러나 이 정책만으로는 전혀 충분하지 않았다.

그래서 아소 내각은 계속해서 '생활 대책(2008년도 제2차 추경예산)'을 책정하여 통과시켰고, '생활 방위를 위한 긴급 대책'이라고 명명한 대책을 포함하는 '2009년도 추경예산'을 편성하여 통과시켰다.

그럼에도 GDP 실질성장률은 큰 폭의 마이너스였다. 실업자가 증가했고 실업률은 상승했다(그림 5-20). 쉽사리 국회 해산과 총선거가 가능한 상황이 만들어지지 않았다.

그래서 2009년도 예산이 통과되기를 기다리며 초대형의 '경제위기 대책(제1차 추경예산)'을 편성하여 통과시켰다(2009년 5월 29일. 아소 내각에서의 대책, 예산의 개요 등은 '그림 5-21' 참조).

그림 5-20. 리먼 쇼크 전후의 일본의 실업률과 경제성장률

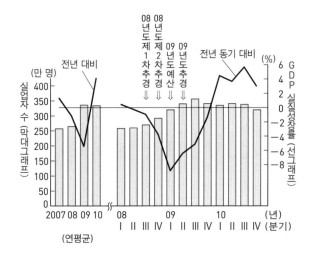

주 | ↓ 표시는 아소 내각에서의 예산 통과 시기
출처 | 내각부 '국민경제계산', 후생노동성 '노동력조사'

그림 5-21. 아소 내각의 경기 대책

명칭	주요 내용	계획	
		책정일	예산 통과일

안심 실현을 위한 긴급 종합 대책 (08년도 제1차 추경예산)	• 총액 11.5조 엔
	• 중소기업 금융 지원
	  긴급 보증금 6조 엔
	  긴급 대출금 3조 엔
	• 고령자 지원 등
		08년 8월 29일 (각의 통과는 후쿠다 내각)	08년 10월 16일

생활 대책 (08년도 제2차 추경예산)	• 총액 27조 엔 • 정액급부금 2조 엔 • 중소기업 지원 보증, 대출금 30조 엔 • 고속도로 요금 인하	08년 10월 30일	09년 1월 27일
생활 방위를 위한 긴급 대책 (09년도 예산)	• 총액 37조 엔 • 고용보험료 인하 • 주택 대출 감세 • 친환경 자동차 감세 • 에너지 절약 투자 감세	08년 12월 19일	09년 3월 27일
경제위기 대책 (09년도 추경예산)	• 총액 15.7조 엔 • 기초생활 수급자 지원 • 중소기업 투자 진흥 대책 • 지자체 재정 지원 • 저탄소 혁명 • 인프라 정비	09년 4월 10일	09년 5월 29일

출처 | 재무성 홈페이지'

'뭐라도 한다'는 경제위기 대책

아소 내각이 2008년 8월에 시작해서 10월과 12월에 잇달아 시행한 경기 대책(그림 5-21)에도 불구하고 2009년 4월에 다시 새로운 '경제위기 대책'을 내놓을 수밖에 없었던 것은 리먼 쇼크의 충격이 그만큼 컸기 때문에 어쩔 수 없는 선택으로 보인다. 하지만 동시에 지금까지의 대책이 이도 저도 아니어서 경기 침체를 막기에 충분한 힘을 발휘할 수 없었던 것은 아니었을까. '안심 실현을 위한 긴급 종합 대책', '생활 대책', '생활 방위를 위한 긴급 대책' 등의 이름에서 알 수 있듯이 2008년에 시행된 이 세 대책은 주로 리먼 쇼크 상황에서 생활 악화와 중소기업 경영 악화에 대처하기 위한 것이었다(아마 선거를 의식한 대처였을 것이다).

물론 경제 대책으로 이것도 중요했지만 경기 침체가 시작되던 2008년 후반기부터 2009년에는 경기 침체를 막거나 침체의 정도를 낮추는 정책에 우선순위를 두었어야 했다.

경기를 중시하는 본격적인 대책이 시행되기 시작한 것은 2009년 4월의 '경제위기 대책(2009년 추경예산)'에 이르렀을 때였다.

이 추경예산의 편성 이전에 요사노 가오루 경제재정정책담당대신은 '뭐라도 좋으니 정책을 내주기 바란다'고 각 관청에 지시를 내렸다고 한다(〈일본경제신문〉 2009년 4월 11일). 정권 수뇌부에는 위기 의식이 서서히 생겨나고 있었던 것이다. 그리고 이 지시의 기저에서 여당 의원은 '중의원 선거 전에 드디어 천재일우의 기회가 왔다'고 화색을 띠었다고 한다(〈일본경제신문〉 2009년 4월 11일). 이렇게 해서 총액 15조 엔이라는 초대형 추경예산이 편성되었다.

먼저 눈에 띠는 것은 각 관청의 시설 정비비다. 2009년 당초 예산에서는 6,500억 엔이었던 것이 추경예산에서 2조 9,000억 엔이 추가되었다. 추경예산의 규모는 일거에 5배가 넘었다. 여기에 편승하여 경찰청은 경찰차 8천 대를 구입하고 1,400억 엔을 들여 감시카메라를 증설했다. 방위성도 친환경 자동차 5,700대와 디지털 TV 22,000대를 구입했다.

재계도 가만히 있지 않았다. 국회에서는 아직 2009년도 예산안 심의가 진행 중이었는데, 경단련은 2009년 3월 9일 '헤이세이 21년도 (2009년) 추경예산의 조기 실행을 촉구한다'는 부제를 단 '경제위기 탈출을 위한 긴급 제언'을 발표하며 갖가지 요구사항을 늘어놓았다. 친환경 자동차 구입 지원 조치, 에너지 절약형 가전 보급 조치를 위한 지원 조치, 대도시권 순환도로 조기 완성, 증여세 기초공제액 대폭 확충, 고용 안전망 확충과 노동 이동의 원활화, 고용 조정 조성금 제도 확충 등 모두 30항목이나 되었다.

이렇게 관청과 재계의 요구사항을 통째로 받아들인 모양의 추경예산이 편성되었다. 추경 후의 예산 규모는 102조 엔으로 전후 최대 규모였다. 국채 예상 발행액은 44조 엔(결산 단계에서는 52조 엔), 세출의 국채 의존도는 43.0%로 역사상 최대치였다.

고이즈미 내각의 강경한 세출 억제 정책으로 서서히 축소되던 기초 재정수지의 적자는 일거에 확대되었다(그림 5-16).

하여튼 이러한 초대형 추경예산은 효과가 있었다. 2009년 3월에 이미 바닥을 찍었던 경기가(그림 5-19) 서서히 회복세로 돌아서서 전년 대비 마이너스였던 GDP 실질성장률이 올라가기 시작했다(그림 5-20).

2009년 7월 21일 아소 수상은 중의원을 해산하고 총선거를 치렀다.

'구조개혁'이 만들어낸 '파견촌'

리먼 쇼크로 인한 경기 침체는 국민 생활에 엄청난 고통을 안겨주었다. 대표적인 현상이 2008년 말에서 2009년 초 도쿄 도심의 히비야 공원과 전국의 많은 도시에 출현한 '파견촌'이었다.

'파견촌'은, 직접적으로는 리먼 쇼크에 의한 전후 최대의 경기 침체와 이로 인한 실업자 증가가 만들어낸 것이지만 근본적으로는 '구조개혁'의 일환으로 하시모토 내각과 고이즈미 내각에서 실시된 노동의 규제 완화, 특히 파견 노동의 규제 완화가 만들어낸 것이라고 할 수 있다.

파견 노동자 수는 규제 완화와 함께, 특히 2003년의 제조업의 파견 해금 이후 증가 추세였다. 2000년대 초 20만~30만 명이었던 파견 노동자가 리먼 쇼크가 발생한 2008년에는 140만 명에 달했다(후생노동성 '노동력조사'). 이 사람들이 경기 침체와 함께 '계약 기한 만료', '재계약 불가' 통보를 받고 실업자가 된 것이었다(파견 노동자 수는 2010년에 96만 명이 되어 2년 사이에 거의 40만 명 감소했다). 2009년부터 2010년까지 2년간 실업자 수는 70만 명이 증가했는데, 그중 태반은 파견 노동자가 중심인 비정규직으로 추측된다.

실직 후 고향인 농촌으로 돌아간다는 선택지가 있었던 60~70년대와 달리 2000년대의 실업자, 특히 파견 노동자의 대다수는 실업자가 되어 직원 숙소에서 추방된 뒤 살 곳도 빌붙어 살 지인도 저축해놓은 돈도 없는 상황에 처했다. '넷카페 난민'이라는 것이 생겨나는 등 상황은 이미 2007년 즈음부터 알려져 있었지만(2007년 여름의 후생노동성 조사에 의하면 5,400명), 실업자가 대량으로 생겨남으로써 갑자기 사회 문제로 부상한 것이다.

이를 두고 볼 수 없었던 뜻 있는 사람들이 2008년 12월 31일부터 2009년 1월 5일까지 히비야 공원에 텐트를 치고 '새해맞이 파견촌'을 개설했다(명예 '촌장' 우쓰노미야 겐지 변호사, '촌장' 유아사 마코토 자립생활서포트센터 공동 사무국장). 노동조합과 자원봉사자의 협력을 얻고 일반 시민의 자금 후원을 받아 밥짓기 등을 했다. 이 기간 동안 500명의 실업자가 방문했다고 한다. 또한 후생노동성과 교섭하여 도내에 임시 숙소를 개설하고 생활 보호 신청에 동참하여 급여를 받게 하는 등의 활동도 벌였다. 이를 본떠 전국에 161개소의 '파견촌'이 그해에 설치되었다(전국노동조합총연합 조사).

더욱이 2009년과 2010년에는 민주당 정부가 나서서 '긴급 고용 대책'의 일환으로 전국 각지에서 실업자 지원 대책을 실시했다. 도쿄도에서는 국립 올림픽 청소년 종합기념센터에 '공설파견촌'이 2009년 12월 28일부터 2010년 1월 4일까지 개설되기도 했다.

파견 노동자 제도는 '규제 완화'로 확대되었다. 기업의 입장에서는 싼 임금에 사람을 고용할 수 있음은 물론 고용 조정이 쉽다는 이점도 많았지만 고용되는 사람의 입장에서는 매우 괴로운 제도였다. 또한 사회 전체로 봐서도 해로운 제도였다. '파견촌'은 이런 사실을 충격적인 형태로 보여준 것이다.

6장

구조개혁이란?
(4장~5장의 보충)

다음 장으로 넘어가기 전에 하시모토 내각부터 고이즈미 내각 시기에 실시되었던 '구조개혁'이 무엇인지, 일본 경제에 무엇을 불러왔는지를 살펴보자.

'구조개혁'이란
무엇이었는가

'구조개혁'은 무엇을 말한 것이었을까.

네 가지 면에서 파악할 수 있다.

첫째, 버블 붕괴 이후의 불경기 상태에서 일본 경제를 구해내기 위한, 즉 본격적으로 경기를 끌어올리기 위한 목적 내지 명목으로 취해진 정책이었다는 측면이 있다.

둘째, 미국의 레이건 대통령과 영국의 대처 수상이 1980년대 실시한 신자유주의 경제 정책이었다는 측면이 있다.

셋째, 경단련을 비롯한 재계, 넓게 말하면 경제계의 요구에 응답한 정책이었다는 측면이 있다.

넷째, 미국의 요구에 응답한 정책이었다는 측면이 있다.

'일본 경제 재생을 위하여'라고 주장하는 정책

먼저 첫 번째 측면이다.

앞에서 '구조개혁'이라는 것은 '불경기 상태에서 일본 경제를 구해

내기 위한, 즉 본격적으로 경기를 끌어올리기 위한 목적 내지 명분으로 취해진 정책'이라고 말했다. 여기서 일부러 '명분'이라는 말을 쓴 것은 그러한 명분으로 취해진 정책이라는 것은 확실하지만, 진짜로 경기를 좋게 만들기 위한 것이었는지 의문이 들기 때문이다.

버블 붕괴 이후의 일본 경제가 꽤 오랫동안 경기 침체 상태에 있었던 것은 확실하다. 그러나 과연 그 원인이 일본 경제의 '구조'에 있었는지, 구조개혁론자는 정말로 그렇게 생각했는지 의문이 남는다. 여기에는 두 가지 이유가 있다.

하나. 버블 붕괴 이후의 일본 경제의 침체를 '구조'와 결부짓는 것은 꽤 무리가 있다는 점이다. 이 책에서 이미 서술한 것이지만 반복하면 다음과 같다.

① 버블 붕괴 후의 경기 후퇴가 길어진 것은 버블기의 경기가 지나치게 좋았던 것의 반동이다. 그 증거로 이렇다 할 '구조개혁'이 실시되지 않던 시기(1990년대 중반)의 경기는 이미 회복세로 돌아서기 시작했다는 점을 들 수 있다. 요컨대 시간 문제였지 '구조'의 문제가 아니었다는 것이다.

② 1990년대 중반부터의 경기 회복은 단기간에 종료되어 1997년 이후 경기는 다시 침체되었다. 그러나 이 침체는 일본 경제의 '구조'가 나빴기 때문이 아니라 당시 하시모토 내각의 '재정 구조개혁', '금융 빅뱅' 등의 '개혁' 정책의 강행에 의한 것이었다. 1990년대 후반의 경기 침체는 말하자면 '개혁이 불러온 불황'이었던 것이다.

③ 이 경기 침체에서 일본 경제를 구해낸 것은 오부치 내각이 '구조개혁'을 정지했거나 반 '구조개혁' 정책을 채용한 데 있었던 것이다.

④ 그러나 오부치 내각의 노력으로 경기가 일시 회복되었지만 정보통신 거품이 무너지며 2000년부터 2001년에 걸쳐서 경기는 다시 하강 국면에 진입했다.

이렇게 보면 버블 붕괴 후의 일본 경제의 '혼란' 상을 설명하는 데 '구조'론은 불필요했다. 1990년대부터 2001년까지의 일본 경제의 동향을 선입견 없이 들여다보면 누구라도 알 수 있는 것이었다. 구조개혁론자에게도 틀림없이 보였을 것이다. 그런데도 왜 '구조개혁'인가?

둘. 버블 붕괴 후의 일본 경제의 '혼란'을 '구조가 나쁘기 때문'이라고 설명하는 정부의 논거가 전혀 제시되어 있지 않다는 점이다.

예를 들어 '구조개혁' 정책을 최초로 실시한 하시모토 수상은 그 배경을 '현재의 시스템이 오히려 우리나라의 활력 있는 발전을 저해한다는 것은 명확하다'고 말하는 것에 그쳤다(1997년 1월 시정 방침 연설). 고이즈미 수상 또한 '나는 구조개혁 없이는 일본의 재생과 발전은 없다는 신념 아래 경제, 재정, 행정, 사회, 정치 분야의 구조개혁을 진행함으로써'라고 자신의 '신념'을 말하는 것에 지나지 않았다(2001년 5월 소신 표명 연설).

정부 문서 중에서 가장 많은 글자를 사용해서 '구조개혁'을 말하고 있는 것은 '경제전략회의'의 '일본 경제 재생을 위한 전략(1999년 2월)'이다. 거기에는 '전후 일본 경제의 비약적인 성장의 원동력이 되어 온 일본식 시스템이 지금 도처에 구멍이 뚫렸고, 이것이 일본 경제의 성장을 구속하는 요인으로 작용하고 있다'고 단언만 하고 있다. 이어서 제1장 '일본형 고용·임금 시스템과 후한 사회보장 시스템', 제2장 '과도한 평등과 공평함을 중시하는 일본형 사회 시스템', 제3장 '일본형 인재 경영, 일본형 간접금융 시스템'으로 '개혁'해야 하는 '구조'가 '왜 그래야 하는지' 증명도 없이 마치 일방적인 지시처럼 열거되어 있는 선에 그치고 있다.

이렇게 보면 첫 번째 측면은 '구조개혁'이 일본 경제를 재생시키기 위함이라는 '명목'에서 취해진 정책이었다고밖에 표현할 수 없다.

영미를 따라한 정책

이어서 두 번째 측면을 보자.

일본의 '구조개혁'이 영국의 대처 수상과 그 뒤를 이은 존 메이저 수상의 보수당 정권(1979~1997년)의 정책, 미국의 레이건 정권(1981~1989년)의 정책(신자유주의 정책)에 따른 정책이었다는 것은 이미 잘 알려진 사실이다.

먼저 대처 정권의 정책을 보면 첫 번째는 정부 부문의 축소다. 첫째는 국유기업의 민영화다. BP를 시작으로 전기, 가스, 수도, 우편, 철도 등이 대상이었다. 둘째는 쓰레기 처리, 청소, 건설, 수리 등의 서비스의 민간 위탁이다. 이 과정에서 '비대화된 지방정부의 비용 삭감'을 목적으로 '시장화 테스트'가 도입되었다. 셋째는 '요람에서 무덤까지'로 대표되는 영국의 복지제도의 재검토 실시다. 병원의 독립 채산제와 경쟁 원리가 도입되었고, 연금제도 역시 재검토되었다.

두 번째는 노동시장의 '유연화 정책'이다. 노동 관계 관련법 개정, 특히 '클로즈드 숍closed shop' 협정(노동조합원 자격을 잃으면 종업원이라는 신분도 없어진다는 협정)의 제한과 파업 제한 등을 추진했고, 노동 규제 완화와 최저임금제 폐지를 결정했다.

세 번째는 금융과 자본시장 개혁(금융 빅뱅)이다.

네 번째는 세제 개혁이다. 개인소득세의 최고세율을 대폭 인하하고, 법인세율을 인하하는 한편 부가가치세율을 인상했다.

이와 같은 대처와 메이저 정권의 정책은 일본의 '구조개혁'에서도 실시되었다.

다음으로 레이건 정권의 정책을 보면 첫 번째는 정부 지출, 특히 사회복지 지출의 삭감이다. 복지 정책이 '재정을 압박하여 노동자의 활력을 저해한다'는 것이었다.

두 번째는 규제 완화다. 미국에서 규제 완화는 1970년대 후반, 레이건 정권 탄생 이전부터 운수(철도 요금 규제 완화, 항공 수송업의 신규 참여 등)가 시작되었는데 레이건 정권 출범 뒤 가속화되고 본격화되었다. 석유 관련 규제 해제, 임금, 물가에 관한 '안정위원회'의 가이드라인 중지 등이다.

세 번째는 세제 개혁이다. 개인소득세의 최고세율 대폭 인하, 법인세율 대폭 인하 등이 시행되었다.

네 번째는 대폭적인 군사 지출의 증가다.

레이건 정권이 시행한 정책의 대다수는 하시모토 내각과 고이즈미 내각에, 그리고 이후의 아베 내각에 의해서 일본에서도 '구조개혁' 정책으로 실시되었다.

단 여기서 유의해야 할 중요한 점이 하나 있다.

대처와 레이건 정권의 이 신자유주의 경제 정책의 배경에는 제2차 오일 쇼크 후 급격한 인플레이션이 영미 양국을 강타했다는 점이 있다. 그리고 양국은 선진 자본주의 국가로서 후발 자본주의 국가였던 독일과 일본에 추격당해 국제수지가 적자였기에 국내 산업의 경쟁력 강화가 국가적 과제였다. 양국 모두 인플레이션 억제와 산업 경쟁력 강화를 위해 신자유주의 경제 정책을 추진한 데는 나름의 사정이 있었던 것이다.

그런데 1990년대 이후의 일본은 어땠는가. 인플레이션이 아닌 디플레이션 시대가 찾아왔다. 국제수지를 보면 경상수지와 무역수지 모두 세계 유수의 흑자 국가였다. 국제 경쟁력을 국제수지로만 본다면 일본의 국가 경쟁력은 최강이었다.

인플레이션 억제 정책을 디플레이션 상황에서 실시하면 어떻게 될까. 산업의 국제 경쟁력을 강화하는 정책을 경상수지와 무역수지가 흑자인 나라에서 실시하면 어떻게 될까. 그 답은 현실에 극명하게 나타났다. 디플레이션은 한층 심해졌고 경상수지의 흑자는 확대되었고 엔고는 한층 심화되었다. 이것이 2010년 전후의 일본 경제에서 일어난 일이다.

재계의 요구에 응답한 정책

'재계의 요구에 응답한 정책'이라는 세 번째 측면을 보자.

실로 모처럼 만들어진 자민당 단독 내각인 제2차 하시모토 내각의
출범(1996년 11월)에 앞서 1996년 1월 경단련은 '매력 있는 일본, 창
조의 책임'이라는 제목의 '경단련 비전 2020(통칭 도요타 비전)'을 발
표했다. 일본 경제의 활력을 되찾기 위해서는 '규제를 철폐해야 한다',
'작은 정부를 추진해야 한다' 등이 여기서 나온 주장이다. 이것을 그대
로 받아들인 것이 구조개혁 정책이었다고 해도 과언이 아닐 정도로 이
후 정부의 정책과 겹치는 부분이 많은 '비전'이었다.

또한 1996년 12월 경단련은 '재정 민주주의 확립과 납세할 가치
가 있는 국가 확립을 목표로'라는 제목의 '재정 구조개혁을 위한 제언'
도 공표했다. 하시모토 '5개 개혁(이후 6개 개혁)' 중 하나인 '재정 구조
개혁'의 실행을 후원하는 '제언'이었다.

그리고 또 하나. 1995년에 일경련(일본경영자단체연맹, 노동 문제를
취급하는 단체로 경제 일반을 취급하는 경단련과 공존했지만 2002년 경단련
과 통합)이 공표한 '신시대의 일본식 경영, 도전 방향과 구체적인 방책'
도 보자. 일본의 고용 장래를 다음과 같이 분류하여 경영자 측의 대응
필요성을 주장한 보고서다(그림 6-1).

① 장기 근속 고용이라는 사고방식을 가지고 기업도 일해주기를
　원하고 직원 역시 일하고 싶어하는 장기 축적 능력 활용형 그룹.
② 기업이 안고 있는 과제 해결에 전문 능력을 가지고 대응한다.

꼭 장기 고용을 전제로 하지 않는 고도 전문 능력 활용형 그룹. ③ 직무에 상응해서 정형적 업무에서 전문적 업무를 수행할 수 있는 사람에 이르기까지 다양하게 구성된 고용 유연형 그룹.

이후 고용 동향은 이에 따라 고용인을 세 부류로 나누는 방향으로 나아갔고 국가 제도 또한 '노동자파견법' 개정, 재량노동제 도입과 확대 등이 '구조개혁' 정책이라는 이름으로 진행되었다.

세제 '개혁'도 같은 양상으로 진행되었다. 경단련은 매년 세제 개정 때 '의견서'를 제출하는데, 정부는 요망이든 제안이든 대부분 채택했다. '법인세율 인하', '소비세율 인상' 등이 대표적이다.

그림 6-1. 그룹별로 본 주요 처우 내용

	장기 축적 능력 활용형 그룹	고도 전문 능력 활용형 그룹	고용 유연형 그룹
고용 형태	무기한 고용 계약	유기한 고용 계약	유기한 고용 계약
대상	관리직·종합직·기능 부문의 기간직	전문 부문 (기획, 영업, 연구개발 등)	일반직 기능 부문 판매 부문
임금	월급제 혹은 연봉제 기능급 승급제도	연봉제 실적급 승급 없음	시간제 직무급 승급 없음
상여	정률+실적 슬라이드	성과 배분	정률
퇴직금·연금	포인트제	없음	없음
승진·승격	관리직 승진 직능 자격 승격	실적 평가	상위 직무로의 전환
복지 시책	평생 종합 대책	생활 지원 시책	생활 지원 시책

출처 | 일경련 '신시대의 일본식 경영'

이처럼 '구조개혁' 정책은 재계의 요구를 벗어나지 않았는데, 이런 정재계의 일체화는 고이즈미 내각 이후의 자민당·공명당 연립내각 시대에 한층 강화되었다. 내각이 '경제재정자문회의'를 설치하고 기업인 2명을 민간(일부 언론 보도에 의하면 지식인) 위원으로 영입했기 때문이다. 재계의 의견이 그대로 내각 회의에서 결정되는 절차가 완성된 것이다.

말이 나온 김에 앞으로의 소비세를 재계는 어떻게 생각하고 있었는지 살펴보자. '2020년대 중반까지 소비세율을 10%대 후반까지 인상시키는 것이 필수불가결하다'고 이 '제언(성장 전략의 실행과 재정 재건의 결행을 촉구한다, 2012년 5월)'은 말하고 있다. 게다가 '2017~2025년에 세율을 매년 1%씩 인상시켜 최종적으로 19%까지 올린다'는 전제로(장래의 국민 부담률) 계산했다는 것이다. '19%까지 인상시켜야 한다'는 것이 경단련의 제언이었다.

'미국의 요구에 응답한' 정책

네 번째 측면을 보자.

제2차 세계대전 종료 후의 미일 경제 관계는 크게 보면 ①미국의 일본 경제 보호, 육성의 시대(1945~1960년경)에서 ②미일 밀월의 시대(1960년대)로, 그리고 ③미일 경합의 시대(1970년대 이후)로 변해왔다(그림 6-2).

최초 단계에서 미국 정부가 한결같이 문제 삼은 것은 일본의 섬유,

자동차 등의 개별 상품의 수출 급증이었다. 하지만 점점 많은 일본 상품이 미국 시장에서 점유율을 높여 가고 있음에도 미국 상품의 일본 시장 진출은 영 진척되지 않았다는 문제, 즉 일본의 유통기구 방식과 정부 규제에 문제가 있다는 '구조 문제'로 미국 정부의 관심이 쏠렸다는 경위가 있다.

1990년대는 '미일 통상 마찰'에서 '미일 구조 협의'로 바뀐 시대였다. 1989년 미일 무역 마찰을 해소하기 위한다는 명목으로 미국이 제안하고 개시한 '미일 구조 협의(1989년부터 1990년까지 5회 개최, 미국의 아버지 부시 대통령과 일본의 우노 소스케 수상의 합의)'가 시작이었다. 일본에게는 공공투자 확대, 토지 세제 재검토, 대점법(대규모소매점포입지법)의 규제 완화 등이 요구되었다. 미국의 수출을 늘리거나 대일 투자를 증가시켜 미일 무역의 불균형을 축소하겠다는 것이 목표였다. 이를 위해 1993년 빌 클린턴 대통령과 미야자와 수상이 합의한 '미일 포괄 경제 협의'의 개최와 1994년 이후 매년 미일 정부가 서로 상대 정부에게 '연차 개혁 요망서'를 교환함으로써 경제 구조개혁을 진척시키는 방식이 확립되었다.

그림 6-2. 전후의 미일 경제 관계와 간략한 역사

① 1945~1960년 전후(통치자, 보호자, 교사로서의 미국, 그 아래에 있던 일본)

    (1) 1945~1950년 전후(연합국 점령하)
- 전쟁 책임 추궁, 전후 배상 청구
- 전후 개혁 실시(이후 일본 경제 발전의 원동력이 됨)

    (2) 1950년~1960년 전후(미국이 '서방의 일원'으로서 일본의 국력 강화를 도모함)
- 전범 석방, 레드 퍼지(연합군 점령하의 일본에서 연합군 총사령관의 지령으로 일본공산당 소속 당원과 동조자를 공공기관이나 민간기업에서 해고한 움직임—옮긴이)
- 배상 청구는 관대하게
- 전후 개혁 재검토
   미국 추종을 기본으로 하는 일본 정치, 외교, 경제의 기본형이 만들어짐

② 1960~1970년대 전후(미일 밀월의 시대, 미일 간 대립 관계는 아직 표면화되지 않음)

- 미국, 황금의 60년대
- 일본, 고도 성장 시대

③ 1970년대 이후(일본이 경제 면에서 경쟁 상대가 된 시대)

    (1) 1970~1990년 전후(미일 무역 마찰 표면화의 시대)
- 미일 섬유 교섭(1970~1972) – 일본 섬유 제품의 수출 자주 규제로 막을 올림
- 미일 쇠고기·오렌지 교섭(1977~1988) – 일본 관세 인하, 수입 자유화로 결론
- 미일 자동차 문제(1981~/1993~) – 일본의 수출 자주 규제, 미국 제품 수입 계획 책정 등 1993년부터 미일 포괄 경제 합의로 이어짐
- MOSS(시장 지향형 분야별) 협의(1985~1986) – 일본 시장의 일부 자유화, 컴퓨터 제품의 관세 철폐 등에 합의
- 미일 반도체 합의(1985~1991) – 일본의 덤핑 금지 등으로 협의 체결
- 미일 슈퍼컴퓨터 합의(1987~1990) – 일본의 정부 조달 절차상의 조치 도입 등으로 결론

    (2) 1990년 이후(미일 구조 협의의 시대)
- 미일 구조 협의(1989~1990), 미일 포괄 경제 협의(1993~1996) 등
- 연차 개혁 요망서(1994~2008) 교환

그림 6-3. 미국 정부에 계속 평가받은 구조개혁-미국의 연차 개혁 요망서에서

- 미국은 일본의 규제 개혁에 대한 지속적인 노력과 '기민하고 신속'하게 규제 개혁을 실시하여 '개혁 없이는 성장 없다'는 원칙을 견지하겠다는 고이즈미 총리의 단호한 발언에 고무되었다. (2001년)

- 미국은 일본의 지속적인 의미 있는 경제 개혁 달성 노력을 환영하며, 고이즈미 총리대신이 국회에서 표명한 '성역 없는 구조개혁'을 단행한다는 공약과 '모든 분야에서의 구조개혁을 대담하게 추진하겠다'는 결의에 고무되었다. (2002년)

- 미국은 일본의 지속적인 의미 있는 경제 개혁 달성 노력을 환영하며, 올해 9월 22일 고이즈미 총리대신이 새 내각은 '계속해서 규제 개혁에 힘쓴다'고 밝힌 것과 '개혁 없이 성장도 없다'는 정책을 견지한다고 표명한 것을 마음 든든하게 생각한다. (2003년)

- 미국은 고이즈미 총리대신의 대담한 경제 개혁 과제를 열렬히 지지하며, … 또한 미국은 2004년 10월 12일 고이즈미 총리대신이 국회에서 있었던 소신 표명에서 '구조개혁 없이 일본의 재생과 발전은 없다'는 것을 재확인하고 일본의 유의미한 경제 개혁 달성 노력이 계속되고 있음을 환영한다. (2004년)

- 미국은 고이즈미 총리대신의 경제 개혁을 향한 지속적인 노력을 환영한다.… 미국은 또한 규제와 구조개혁을 강력하고 효과적으로 제창해온 구조개혁 민간개방추진본부와 구조개혁특별구역추진본부의 훌륭한 노력을 치하한다. (2005년)

- 미국은 일본의 경제 개혁을 추진하려는 아베 총리대신의 결의를 환영한다. … 또한 미국은 일본 국내의 개혁 추진자의 노력을 마음 든든하게 생각함과 동시에 향후 수개월, 수년간 이러한 활동이 활발히 전개될 것을 기대한다. (2006년)

- (일본 정부의 자세에 대해 특별한 코멘트 없음) (2007년)

1994년 가을에 시작하여 이후 매년 가을 자공(자민·공명) 정권이 유지된 2008년까지 일본 정부에 제출된 미국 정부의 요망서를 보면 (대부분 A4 용지 50페이지 정도로 많고 다양한 요망이 들어 있다. 일본어판) 일본 정부는 성실하게 대응했고 '구조개혁'으로 실현된 것이 많다. 구체적으로는 독점법 개정(지주회사의 해금), 대점법 폐지, 건축기준법 개정, 노동자파견법 개정, 우정 민영화, 법과대학원 설치, 상법 개정(삼각합병제도 도입) 등이 있었다. '구조개혁'을 '미국의 요구에 응답한 정책'이라고 보는 까닭이다.

특히 고이즈미 내각의 '구조개혁'은 미국이 매년 보내는 '요망서'의 서두에 '고무되었다', '마음 든든하다', '환영한다', '평가한다', '기대한다' 등의 말이 들어 있어 미국 정부의 기대를 잘 충족시켜 준 것으로 보인다(그림 6-3).

구체적인 예를 하나 들어보자. 고이즈미 내각이 '구조개혁 특구'를 도입했을 때의 요망서(2003년 10월 24일)다.

'전국에 특구 설립을 도모하고 있는 일본 정부의 현행 대처를 미국 정부는 계속해서 주시하고 있다. 특히 현재까지 고이즈미 수상이 설립한 164개의 특구를 미국은 환영한다. 구조 완화 및 개혁을 목표로 하는 이 새로운 혁신 조치는 일본이 지속 가능한 성장 노선으로 회귀하기 위한 중요한 기회를 부여한다. 일본이 이 계획을 실시함에 있어서 미국은 8개 항목을 요구한다.'

8개 항목에는 '국내외 모든 기업이 특구 내에서 사업을 전개할 수 있도록 차별 없는 접근을 확보할 것', '미국 기업을 포함한 외국 기업이 특구 제안의 제출, 기존 특구에 참가하거나 특구 설립에 관한 모든 과정에 참여하는 데 있어 구조개혁 특별구역 추진본부는 이들 기업과 계속해서 협력할 것' 등이 있다.

'구조개혁'이라는 게 뭐였는데?

이렇게 보면 '구조개혁'이라는 것은 ①무엇보다도 경제계의 요망에 부응하는 정책이었고, ②미국의 요구에 부응하는 정책이었으며, ③영국과 미국에서 배운 신자유주의 경제 정책이었다고 말할 수 있다. 덧붙여 말하면 그렇다고 해서 이것이 완전히 재계의 요망과 미국의 요구에 부응하는 정책이라고 호언장담할 수 없기 때문에 ④일본 경제의 재생을 위해 필요한 정책이라고 말로 포장한 정책이었다고 보는 것이 타당하다.

'구조개혁'은
일본 경제에
무엇을 불러왔는가

하시모토 내각부터 고이즈미 내각, 제1차 아베 내각의 전반까지 도중에 오부치 내각 때의 중단까지도 포함하면 약 10년간 계속된 '구조개혁'이 일본 경제에 무엇을 불러왔는지 살펴보자.

1997년부터 2007년까지 일본 경제는 '구조개혁' 정책의 영향으로 다양한 변화를 겪어왔는데, 가장 큰 변화는 '경기가 좋아져도 기업이 돈을 벌어도 임금이 올라가지 않는 구조로 변했다'일 것이다.

'경기가 좋아져도 임금이 오르지 않는 구조'로

이 변화를 알기 쉽게 보여준 것이 2007년판의 내각부 '연차경제재정보고(경제재정백서)'였다.

'그림 6-4'는 가로축에 직원 1인당 경상이익을, 세로축에 1인당 임금을 놓고 경기 저점을 100으로 하여 각 분기마다 어떻게 변해왔는지 보여준다. 그림에는 8개의 선이 있는데 (71년 Ⅳ~), (75년 Ⅰ~)이라는 표시가 있다. 각각 1971년 4분기에 시작된 경기 회복기, 1975년 1분기에 시작된 경기 회복기라는 뜻이다.

이 8개의 선을 큰 그룹으로 나눠보면 우상향하는 선과 우횡보 내지 우하향하는 선으로 나눌 수 있다. 우상향 그래프를 그리는 6개 선(71년 Ⅳ~, 75년 Ⅰ~, 77년 Ⅳ~, 83년 Ⅰ~, 86년 Ⅳ~, 93년 Ⅳ~)은 1970년대부터 1990년대 전반까지, 즉 '구조개혁' 이전의 경기 회복기를 말한다. 이 시대는 경기가 회복함에 따라 기업 수익이 증가하고 임금도 상승한, 결국 선이 우상향으로 이동한 시대였다. 한편 우횡보 내지 우하향을 그리는 2개 선(99년 Ⅰ~, 02년 Ⅰ~)은 1990년대 후반 이후, 즉 '구조개혁' 이후의 경기 회복기를 말한다. 이 시대는 경기가 회복됨에 따라 기업 수익은 증가했지만 임금은 상승하지 않은 시대였다.

그림 6-4. 경기 회복 국면에서의 기업 수익과 임금 추이

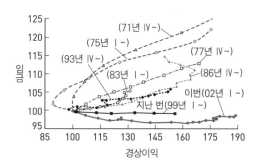

주 | 임금은 현금 급여 총액, 경상이익은 1인당으로 수정하여 후반 세 시기의 이동평균을 잡아 경기 저점을 100으로 지수화했다
출처 | 내각부 '경제재정백서(2007년판)'

덧붙이자면 후생노동성 '노동경제백서(2012년판)'가 '그림 6-4'와 비슷한 그래프를 게재했는데, 거기에는 선이 하나 추가되어 있었다(09년 Ⅱ~). 리먼 쇼크 후의 경기 회복기의 기업 수익과 임금 동향을 나타낸 이 선 역시 우횡보 내지 우하향으로 앞의 두 선의 전철을 밟고 있다(이 선은 가로축 250 눈금까지 뻗어 있지만 세로축 눈금은 오히려 경기 저점 수준을 밑도는 90대로, 기업 수익은 2.5배로 팽창했지만 임금은 전혀 늘지 않았다는 것을 시사한다).

'구조개혁'을 거치며 일본 경제는 구조적으로 큰 변화를 겪었고, '경기가 좋아져서 기업이 돈을 벌어도 임금이 오르지 않는 구조로 변했다'고 보는 까닭이다.

기업 간 경쟁 격화와 노동 규제 완화가 배경에 있다

이러한 구조 변화와 '구조개혁' 정책 간의 관계를 정리해보자. 큰 변화는 다음과 같다.

① 기업 경영 입장에서 보면 '구조개혁' 아래 각 분야의 규제 완화가 실시되어 기업 간 경쟁이 격화되었다. 경쟁에서 살아남기 위해서는 과거보다 훨씬 비용을 절감하여 수익을 올려야 한다. 가장 큰 비용인 인건비를 줄이기 위해 기업은 지금까지 해왔던 것 이상으로 힘을 쏟아야 했다.

② 동시에 세계화의 진전으로 향후 경제의 불투명함과 불안감이

고조되기 시작했다. 1997년에서 1998년에 걸친 금융위기 발생과 엄청난 경기 침체는 많은 기업에게 상상조차 할 수 없는 일이었고, 이 시기의 아시아 통화위기와 리먼 쇼크 발생 역시 그랬다. 미래 어떤 일이 일어날지 모른다. 하지만 뭔가 준비해야 한다, 수익은 아무리 많아도 지나치지 않다. 사내 유보금도 많을수록 좋다. 기업 경영 면에서는 이런 시기를 준비하기 위해서라도 비용, 특히 인건비 삭감에 노력해야 했다.

③ 마침 이때 노동의 규제 완화, 특히 '파견 노동'의 규제 완화가 있었다. 인건비를 삭감하기 위해서도 미래의 '만일'의 사태에 대처하기 위해서도 너무나도 고마운 규제 완화였다.

④ 파견 노동을 이용할 수 있고 이용한다는 것은 '정규직'의 대우라는 측면에서도 기업에 유리하게 작용한다. 임금 상승을 억제할 수 있는 시간제 근무, 아르바이트, 촉탁 등의 '파견' 이외의 '비정규직'을 늘리기도 쉬워졌다.

⑤ 한편으로 직원 대다수를 '비정규직'으로 채우는 것은 인재 육성으로 이어지지 않으며 장래의 기업 경영에 불안을 가져온다는 문제가 있다. 그러나 다른 한편으로 '기업은 주주의 것이다'라는 '구조개혁' 사상의 확대라는 측면에서 기업 경영은 주가 중시의 경영으로 변하고 있고, 단기 실적을 중시하는 경영으로 바뀌어 장기적 시점을 그다지 중요시하지 않았다. 일찍이 에즈라 보겔은 '미국은 일본식 경영에서 배워야 한다'고 말했지만 일본의 기업 경영은 이제 미국식으로 바뀌었다.

일본 경제의 장기 침체 시작

지금까지 봐온 것처럼 구조 변화의 결과라고도 말할 수 있는데, '구조 개혁' 정책이 일본 경제에 초래한 두 번째 영향으로 '일본 경제의 장기 침체'를 들 수 있다.

일본 경제의 장기 침체는 1990년 이후의 버블 붕괴가 그 시작이라는 관점이 많다. 버블 붕괴 후의 10년, 20년을 가리켜 '잃어버린 10년', '잃어버린 20년'으로 부르는 것이 그 예다. 이후 제2차 아베 내각도 이처럼 '1990년대 초반에 있었던 버블 붕괴를 계기로 일본 경제는 현재에 이르기까지 약 20년간 대체로 낮은 경제성장에 만족해왔다(호네부토 방침, 2013년 6월)'고 말하고 있다.

대충 그 정도로 괜찮다고 생각되지만 세밀하게 들여다보면 이미 3장에서 봤던 것처럼 버블 붕괴 후의 긴 반동 불황의 시기(1991~1993년)를 거치며 일본 경제는 회복세로 돌아서고 있었다(1993년 11월~1997년 5월). 이 회복 추세는 하시모토 내각의 '6개 개혁'에 의해 중단되었지만 그게 없었다면 1997년 이후에도 지속되었을 것이다.

장기 침체의 시작은 하시모토 내각의 '재정 구조개혁'에 의해 경기 하강이 시작된 1997년 6월부터, 해로 따지면 1998년부터라고 봐야 한다(명목 GDP: 1997년 534조 엔, 1998년 527조 엔, GDP 실질성장률: 1997년 1.1%, 1998년 마이너스 1.1%. 그림 1-4 참조).

그리고 이런 시각으로 보면 '장기 침체의 원인은 무엇인가'라는 질문의 대답도 동시에 나온다. 임금의 하락(그림 1-11)과 그에 따른 민간 소비 지출의 하락이 그것이라고. 그리고 그 배경에는 '구조개혁' 정책이 있었다고.

주요 선진국 가운데 1998년 이후 경제가 정체 기조에 있는 것은 일본만이고 임금 하락 기조가 있는 것도 일본만이지만(그림 6-5①②), 어째서 일본만이냐는 의문에 대한 답도 나온다. 일본만의 정책, '구조개혁'이 그 원인이었다고.

그럼 여기서 독자가 신경 쓰일 두 가지 점을 짚어보자.

한 가지는 일본의 임금 하락이 세계화의 영향이 컸다고 보는 시각이다. 세계화의 진전에 따라 일본 경제는 중국 외 다른 아시아 국가와 격렬하게 경쟁했다. 일본과 비교해서 임금이 낮은 국가와의 경쟁에서 일본의 임금은 낮아질 수밖에 없었다는 시각이다.

분명히 그럴지도 모른다. 하지만 이것이 주된 요인은 아니었다. 첫 번째로 세계화의 진전은 1990년대 초반부터(천안문 사건을 극복한 중국 경제의 성장과 발전도 1992년경)였다. 두 번째로 세계화의 영향을 강하게 받은 것은 미국과 유럽 국가도 동일했다. 미국은 북미자유무역협정(NAFTA, 나프타)의 결성(1994년 발효)으로 멕시코와 유럽 국가는 구소련의 붕괴(1990년대 초)로 동유럽 국가와 치열한 경쟁 관계에 있었다. 그러나 이들 국가에서는 임금 하락이 일어나지 않았다. '어째서 일본만이?'라는 의문의 답이 될 수 없다.

일본에서만 일어났다는 것은 일본에만 한정된 원인이 있다는 것이고, '구조개혁' 정책이 바로 그 원인이라고 생각된다.

그림 6-5 ①. 명목 국내총생산(GDP) 추이-일본만 1998년 이후 경제 축소

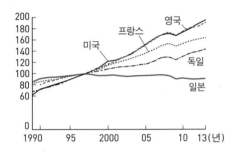

주 | 1997년=100으로 함

출처 | 얀베 유키오 '아베노믹스와 삶의 향방'

그림 6-5 ②. 1인당 평균 임금 추이-일본만 1998년 이후 임금 저하

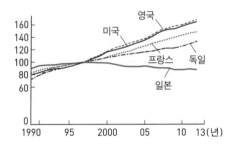

주 | 1997년=100으로 함

출처 | 얀베 유키오 '아베노믹스와 삶의 향방'

다른 한 가지는 미국은 물론이고 영국과 같은 다른 서구 국가도 정도의 차이는 있지만 '구조개혁'과 닮은 정책, 신자유주의 정책을 취했다는 것이다. 이들 국가에서는 임금 하락이 일어나지 않았다. '어째서 일본만이?'라는 의문이 생긴다.

추측이지만 그 대답은 노동조합의 방식이 큰 영향을 미쳤다고 생각한다. 서구 국가의 노동조합은 주류가 '산업별 노조'다. 간단히 말하자면 이들 나라에서는 산업별로 경영자 측(자본 측)과 노조 측이 교섭하여 노동 조건을 결정한다. 기업은 기본적으로 이 결정에 따라서 노동 조건을 결정해야 한다. 이 노동 조건에서 운영되도록 기업 경영을 해야 한다. 한편 일본의 노동조합은 기본적으로 '기업별 노조'다. 기업과 노조가 교섭하여 노동 조건을 정한다. 여기서는 기업 경영이 가능한지가 큰 포인트가 된다. 경영자 측에서 이 노동 조건에서는 경영이 어려워 다른 기업과의 경쟁에서 밀린다는 주장을 하면 노조는 불리한 입장에 몰려 '어려운 결단'을 내려야 하는 경우가 많다. 일본에서는 기업이 생존할 수 있도록 노조가 고심해야 하는 입장에 서 있다. 유감스럽지만 이것이 일본의 임금 저하의 하나의 원인이라고 생각할 수밖에 없다.

기업 수익은 뚜렷이 증가, 임금은 하락

'구조개혁'이 일본 경제에 초래한 세 번째 영향이다.

이미 여러 번 언급했지만 기업 수익의 현저한 증가와 임금의 하락이 그것이다.

그림 6-6. 구조개혁으로 어떻게 바뀌었나

	1997년(A) ('개혁' 전)	2007년(B) ('개혁' 후)	B/A
법인 기업 경상이익	27.8조 엔	54.4조 엔	1.96배
1년간 일한 사람의 1인당 연간 급여	467조 엔	435조 엔	0.93배

주1 | [그림 1-7, 1-11] 참조
주2 | 기업 이익은 연도, 연간 급여는 1~12월 통계

'구조개혁'이 시작된 해라고도 볼 수 있는 1997년과 고이즈미 내각 마지막 해였던, 서브프라임 위기와 리먼 쇼크가 발생하기 전이었던 2006년을 비교해보자(그림 6-6).

이 10년간 법인 기업의 연간 경상이익은 2배로 늘었다. 노동자의 연간 급여(1인당 평균)는 약 30만 엔으로 7% 감소했다는 것이 그 결과다.

'저축에서 투자로'로는 가계의 돈이 움직이지 않았다

'구조개혁' 정책을 강력하게 추진한 두 내각, 하시모토 내각과 고이즈미 내각이 바꿀 수 없었던 '구조'가 하나 있었다.

가계의 금융자산 구조다.

예금 중심('저축' 중심)의 가계 금융자산의 구성을 증권 중심('투자' 중심) 구성으로 바꾸고자 하는 '구조개혁' 정책은 그것을 하나의 큰 과

제로 파악하고 있었다.

　'저축에서 투자로'라는 슬로건을 내걸고 정부는 다양한 정책을 실시해왔다. '일본의 금융시장을 뉴욕과 런던 다음가는 국제시장으로 만든다'는 목표를 내건 하시모토 내각의 '금융 빅뱅' 정책의 목표 중 하나였다.

　고이즈미 내각도 가계의 투자 확대를 꾀하기 위해 저축 우대에서 투자 우대로 금융 방식을 전환하는 등 세제를 포함한 관련 제반 제도의 대응을 검토한 바 있다.

　이러한 정책의 배경에는 다음의 사고방식이 깔려 있다.

　'대다수 가계의 금융자산이 예금으로 향하면 그 자금은 리스크가 높은 '성장 분야'에 들어가지 않고 리스크가 낮은 '정체 분야'로 들어가 버린다. 따라서 일본 경제는 성장하지 않고 가계의 금융자산이 주식 등의 위험 자산으로 향하는 미국을 본받아야 한다. 그러면 일본 경제는 성장하게 된다.'

　그래서 '저축에서 투자로'라는 슬로건으로 하시모토 내각, 이후 고이즈미 내각에서 다양한 정책이 전개되었다.

　이를 위해 은행 창구에서 투자신탁 상품을 살 수 있게 한 것(1998년)을 시작으로 주식위탁수수료 자유화(1999년), 부동산투자신탁 해금(1999년), 상장투자신탁 해금(2001년), 개인 투자가의 배당금과 양도세 감세(2003년), 우정국의 투자 상품 판매 해금(2005년) 등이 시행되었다.

　'투자' 창구를 넓혀 상품을 다양화하고 감세한다 …. 이는 가계의 금융자산을 '투자'로 돌리는 정책인데, 한편으로 자산을 '저축'에서 내몰기 위한 정책도 전개되었다. 경기 회복이 주된 목적이라고 하지만 예금자를 무시한 초저금리 정책을 끝없이 취한 것(1999~2006년. 이후 제2차 아베 내각에서도)과 예금자 보호를 위해 마련되어 있던 예금보험 제도(원금 천만 엔까지의 예금 원금과 이자를 보호하는 제도)를 페이오프 해금 때(2002년 금융위기 당시 전액 보호되던 예금을 본래의 제도로 되돌렸을 때) 정부가 '예금은 천만 엔까지만 보호됩니다'라고 사람들의 주의를 환기시켜 위협의 재료로 사용한 것도 '내몰기 정책'의 일환이었다.

정작 그럼에도 가계는 움직이지 않았다. 고이즈미 내각 출범 직전인 2000년 3월과 2019년 3월의 가계 금융자산 구성을 비교해보면 (그림 6-7) 이 20년 가까운 사이에 가계의 금융자산 잔고는 1,390조 엔에서 1,835조 엔으로 1.3배 증가했다. 그중에 현금과 예금의 비율

그림 6-7. 가계의 금융 선택은 투자보다 저축

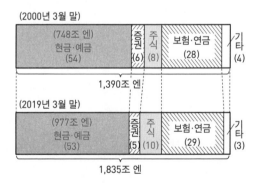

주 | 괄호 안은 %
출처 | 일본은행 '자금순환감정'

그림 6-8. 미국, 일본, 유로존 국가 가계의 금융자산 구성 비교

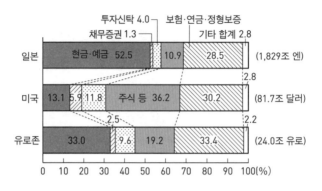

출처 | 일본은행 '자금순환의 미국, 일본, 유럽 비교(2018년)'

은 50%대로 '저축'의 비율은 '전혀'라고 말해도 좋을 정도로 변하지 않았다. 보험과 연금 비율도 30%로 거의 변화가 없었다. 주식과 증권 등의 '투자' 비율도 14%에서 15%로 변하지 않았다. 미국, 유로존과의 차이도 그대로다(그림 6-8).

'저축에서 투자로' 정책은 전혀 효과가 없었던 것이다.

무리도 아니다. 현재 약 1,000조 엔에 달하는 가계 저축은 늙어서 연금에 의존하여 살아갈 때를 위한, 병이나 돌봄이 필요할 때를 위한, 아이가 상급 학교에 진학할 때를 위한 얼마 안 되는 저축이다. 유사시 빈약한 이 나라의 사회보장 지출과 교육 예산 아래에서 나름의 생활을 영위하기 위한 돈이다. 따라서 원금을 회수할 수 없다면 곤란하다. 아무리 저금리라도, 세제상 우대 조치가 없어도 '저축'에서 빼낼 수 없

는 돈이다.

　'저축에서 투자로' 가계의 자산 선택을 변화시키기 위해서는 예를 들면 연금제도를 개정해서 노후 생활을 안심하고 보낼 수 있게 해줘야 한다. 혹은 의료비를 무상으로 제공하는 등 사회보장제도의 근본적인 개선이 필요하다. 그런데도 하시모토 내각과 고이즈미 내각이 실시한 것은 자금난을 이유로 사회보장제도를 고쳐서 더 나쁘게 만든 일로, 사람들의 장래 불안을 오로지 증폭시킨 것이었다.

　'저축에서 투자로'라는 '구조개혁'의 큰 목적 중 하나가 실현되지 못한 것은 당연했다.

7장

민주당
정권의
탄생과
붕괴
(2009-2012)

2009년 8월의 총선거에서는 자민당이 대패하고 '국민 생활이 먼저', '바야흐로 정권 교체'라고 호소한 민주당이 압승을 거두었다(민주당 308석, 자민당 119석, 공명당 21석, 공산당 9석, 사민당 7석). 민주당은 사회민주당, 국민신당과 연립정부를 세우기로 합의하고 문서를 공표했다(그림 7-1).

이렇게 2009년 9월 16일 하토야마 유키오 내각이 출범했다.

하토야마 내각,
출발에서
퇴진까지

하토야마 유키오 내각 출범 당시의 지지율은 70%대로 매우 높았다. 또한 소신 표명 연설(2009년 10월)은 격조 높고 더할 나위 없이 훌륭했다.

'이념'과 '결의'의 소신 표명 연설

소신 표명 연설에서 전달된 하토야마 수상의 정치 '이념'과 '결의'를 짚어보자.

> 정치에서는 약자와 소수자의 시점이 존중되어야 합니다. 진정한 의미에서의 국민주권 국가를 만들기 위해 필요한 것은 무엇보다도 사람의 생명을 소중히 여기고 국민의 생활을 지키는 정치입니다. 오로지 재정의 시점에서 의료비와 간호비를 억제해온 지금까지의 방침을 전환하여 질 높은 의료와 돌봄 서비스를 효율적이고도 안정적으로 공급하는 체제 만들기에 착수하겠습니다. 육아와 교육은 이미 개인의 문제가 아닌 미래의 투자로써 사회 전체가 협력해서

부담해야 한다는 발상이 필요합니다.

시장에 모든 것을 맡겨 강자만이 살아남으면 된다는 발상이나 국민의 삶을 희생해서라도 경제 합리성을 추구해야 한다는 발상은 더 이상 성립하지 않는다는 것은 분명해졌습니다. 저는 '인간을 위한 경제'로의 전환을 제창하고 싶습니다. 이는 경제 합리성이나 경제성장률에 치우친 잣대만으로 경제를 파악하는 것을 멈추겠다는 뜻입니다.

국민이 안심하며 살 수 있는 '인간을 위한 경제'로의 전환을 도모하겠습니다. 공공사업 의존형 산업 구조를 '콘크리트에서 사람으로'라는 기본 방침에 의거하여 전환하겠습니다. '사람을 위한 경제'를 실현하기 위해 저는 지역의 일은 지역주민이 정하는, 활기찬 지역사회를 만들기 위한 '지역주권' 개혁을 단행하겠습니다. 지방 자주 재원의 충실과 강화에 힘쓰겠습니다.

일본은 경제뿐만 아니라 환경, 평화, 과학기술 등 많은 면에서 경험과 실력을 겸비한 나라입니다. … 다른 이야기가 아니라 일본이 지구온난화, 핵확산 문제, 아프리카를 포함한 빈국의 문제 등 지구 규모의 과제에 앞장서서 동양과 서양, 선진국과 개도국, 다양한 문명 사이에서 '가교'가 되어야 합니다. 인류의 생존에서 핵무기의 존재나 핵확산만큼 심각한 문제는 없습니다. 유일한 피폭국으로서 핵 폐기를 주장하고, 비핵화 3원칙을 견지해온 일본만큼 '핵 없는 세계'의 실현을 설득력 있게 세계에 호소할 수 있는 나라는 없습니다. 저는 세계의 '가교'로써 핵군축과 핵확산 금지에 공헌하여 미래의 아이들에게 '핵 없는 세계'를 물려줄 수 있도록 불퇴전의 결의로 대처해 나가겠습니다.

일본은 또한 아시아태평양 지역에 위치하는 해상 국가입니다. 예부터 외국과의 교류와 무역 속에서 다채로운 일본 문화는 발전해 왔습니다. 두 번 다시 일본을 감싸는 바다를 '싸움의 바다'로 만들어서는 안 됩니다. 우호와 연대의 '결실의 바다'를 유지하기 위한 노력을 계속해 나가는 것이 중요합니다. … 그 기초가 되는 것은 밀접하고 대등한 미일 동맹입니다. … 저는 미일 양국 간 관계는 물론 아시아태평양 지역의 평화와 번영, 나아가 지구온난화와 '핵 없는 세계' 등 글로벌 과제의 극복이라는 면에서도 일본과 미국이 서로 협력하여 미일 동맹을 심화시켜 나가겠습니다. 주일 미군 재편에 대해서는 안전보장상의 관점에 입각하여 과거의 미일 합의 등의 경위도 신중하게 검증한 뒤에 오키나와 분들이 짊어져온 부담과 고통, 슬픔을 충분히 고려하겠습니다. 지역민의 생각을 제대로 받아들여 진지하게 대처해 나가겠습니다.

요 며칠 저는 아시아 각국의 수뇌들과 솔직하고 진지한 의견 교환을 계속하고 있습니다. 한국, 중국, 그리고 동남아시아 등 주변 국가와의 관계에 있어서는 다양한 가치관을 서로 존중하면서 공통되거나 협력할 수 있는 부분을 적극적으로 찾아냄으로써 진정한 신뢰 관계를 구축하여 협력해 나가겠습니다. '인간을 위한 경제'의 일환으로 '생명과 문화'의 영역에서 충실히 협력하여 타 지역에 문을 개방하여 투명성 높은 협력체로서의 동아시아 공동체 구상을 추진해 나가겠습니다.

그림 7-1. 연립정권 수립의 정책 합의(발췌)

2009년 9월 9일
민주당
사회민주당
국민신당

국민은 이번 총선거에서 새로운 정권을 요구하는 역사적 심판을 내렸다.

그 선택은 오랜 시간 동안 윗자리에 앉은 기득권익 구조와 관료 지배를 허용해온 자민당 정치를 뿌리부터 전환하고, 정책을 근본부터 개혁하라는 요구다.

(중략)

고이즈미 내각이 주도해온 경쟁 지상주의 경제 정책을 근간으로 하는 잇따른 자민당·공명당 정권의 실패로 국민 생활과 지역경제는 피폐해졌고, 고용 불안이 증대되었으며, 사회보장·교육의 안전망은 그 터진 속살을 드러내고 있다.

국민의 당부는 세금 낭비를 없애 국민 생활을 지원함으로써 경제사회의 안정과 성장을 촉진하는 정책의 실시에 있다.

연립정권은 가계 지원을 첫 번째 목표로 삼아 국민의 가처분소득을 증대시켜 소비 확대로 연결한다. 또한 중소기업, 농업 등 지역을 지탱하는 경제 기반을 강화하여 연금·의료·간호 등 사회보장제도 및 고용제도를 신뢰할 수 있는 지속 가능한 제도로 바꿔 나간다. (중략)

기록

1. 빠른 인플루엔자 대책, 재해 대책, 긴급 고용 대책

2. 소비세율 유지
  • 현행 소비세 5%를 유지하여 이번 선거에서 약속한 정권 담당 기간 중에 … 소비세 인상은 하지 않는다.

3. 우정사업의 근본적 재검토

4. 육아, 일과 가정의 양립 지원
  • 출산의 경제적 부담을 줄이고 '육아 수당(가칭)'을 창설한다.
  • … 2009년에 폐지된 생활 보호의 한부모 급여를 부활한다.
  • 고교 교육을 실질적으로 무상화한다.

5. 연금 · 의료 · 간호 등 사회보장제도의 충실
  • '사회보장비의 자연 증가를 연 2,200억 엔으로 억제한다'는 '경제 재정 운영의 기본 방침'(호네부토 방침)을 폐지한다.
  • 후기고령자 의료제도는 폐지하고 …
  • '장애인자립지원법'은 폐지하고 … 이용자의 응능부담을 기본으로 하는 종합 제도를 만든다.

6. 고용 대책 강화 - 노동자파견법의 근본적인 개정

7. 지역 활성화
  • 중소기업에 대한 '대출거부방지법(가칭)'을 통과시켜 채무 변제 기한 연장, 채무 조건 변경을 가능하게 한다. 개인의 주택 대출도 변제 기한 연장, 채무 조건 변경을 가능하게 한다.

8. 지구온난화 대책 추진

9. 외교 자립으로 세계에 공헌
  • … 오키나와 현민의 부담 경감의 관점에서 미일 지위 협정의 개정을 제기하고, 미군 재편과 주일 미군 기지의 주둔 방식도 재검토하는 방향으로 임한다.
  • 중국과 한국을 비롯하여 아시아 · 태평양 지역의 신뢰 관계와 협력 체제를 확립하여 동아시아 공동체(가칭) 구축을 목표로 한다.

10. 헌법
  • 유일한 피폭국으로서 일본국 헌법의 '평화주의'를 비롯하여 '국민주권', '기본 인권 존중'의 3원칙의 준수를 확인함과 동시에 헌법이 보장하는 모든 권리 실현을 첫 번째로 국민의 생활 재건에 온 힘을 쏟는다.

이상

'콘크리트에서 사람으로'-2010년도 예산

하토야마 수상의 소신 표명 연설은 정치, 경제의 방식에서 지구온난화, 세계 평화, 핵 문제까지 다양한 주제를 다루었고, 동시에 여당 3당이 합의하고 하토야마 내각이 실시하려는 구체적인 시책도 언급했다. '자녀 수당', '고교 무상 교육', '농가 호별 소득 보상제도' 창설 등이 그것이다.

그리고 이들 시책은 하토야마 내각의 최초 예산(2010년 예산)에 편입되었다. 하토야마 수상이 '생명을 지키는 예산'(2010년 1월의 시정 방침 연설)이라고 이름 붙인 예산이다. 그 개요를 보자(그림 7-2).

그림 7-2. 민주당 정권의 연도별 예산 추이

(단위 : 조 엔)

정권		자공 정권	민주당 정권		
내각		후쿠다 내각	하토야마 내각	간 내각	노다 내각
연도		2009	2010	2011	2012
세입 · 세출 총액		88.5	92.2	92.4	90.3
세입	조세	46.1	37.3	40.9	42.3
	기타	9.1	10.6	7.1	3.7
	공채	33.2	44.3	44.2	44.2
주된 세출	사회보장 관계비	24.8	27.2	28.7	26.3
	문교·과학 진흥비	5.3	5.5	5.5	5.4
	공공사업 관계비	7.0	5.7	4.9	4.5
	방위 관계비	4.7	4.7	4.7	4.7
	지방교부세 교부금	16.5	17.4	16.7	16.5

주 | 100억 엔 이하 절사
출처 | 재무성 홈페이지

가장 큰 특징은 공공사업 관계비를 큰 폭으로 삭감한 대신 사회보장 관계비, 교육·과학 진흥비, 지방교부세 교부금을 증액한, 이른바 '콘크리트에서 사람으로' 정책의 실천이었다. 구체적인 시책을 보면 고이즈미 내각 당시에 폐지된 생활보호비의 한부모 가산은 2010년도 예산 편성에 앞서 2009년 12월부터 부활시켰다(2009년 필요액은 2009년 예산안의 예비비에서 지출).

그리고 2010년도 예산안에 포함된 새로운 제도로는 ①'자녀 수당', ②'고교 무상 교육', ③'농가 호별 소득 보상제도'가 있다.

① 자녀 수당은 2010년 4월 1일부터 0세에서 15세까지의 아이들을 대상으로 매월 13,000엔을 지급하기로 했다. 아이들은 사회가 키워야 한다는 이념을 기저에 둔 '소득 제한 없음'이 큰 포인트였다. 한편 재원 확보를 위한다는 명목으로 소득세의 부양 공제를 폐지했다. 그러나 이후 2011년 8월 민주, 자민, 공명 3당이 합의하여 2012년 3월부로 '자녀 수당'을 폐지하고 대신 아동 수당제도(매월 1인당, 3세 미만 15,000엔, 3~15세 10,000엔, 소득 제한 있음)로 바뀌었다.

② 고교 무상 교육은 2010년 4월부터 공립 고등학교 수업료의 실질 무상화와 사립 고교생에게 수업료 보조가 실시(단 조선학교는 예외)되었다(조선학교는 재일 조선인 학생 중심으로 운영되는 학교로, 조총련과 북한 정부의 지원을 받고 있다-옮긴이).

③ 농가 호별 소득 보상제도는 쌀, 보리, 대두 등 주요 농산물을 생산하는 판매 농업자를 대상으로 판매 가격이 비용을 밑돌 경우

그 비용과 판매 가격과의 차액을 교부금으로 보상하는 제도로 2010년부터 실시되었다. 농업 경영의 대규모화를 추진한 자민당과는 180도 다른 농업 정책이다. 이 제도는 '가족 농업을 중시하는 농업 정책'과 일맥상통하는 것으로 주목받았지만, 나중의 자민당 아베 정권에서 쌀에 대한 교부금이 전액 삭감(2018년)되어 소멸되었다.

금융 행정의 180도 전환 – 금융원활화법 제정

예산 문제를 떠나서 하토야마 내각의 정책은 2009년 11월에 '중소기업 금융원활화법(중소기업자의 금융 원활화를 도모하기 위한 임시 조치에 관한 법률)'을 가메이 시즈카 금융담당대신 때 통과시켜 금융 행정을 180도 전환시켰다.

'금융원활화법'은 중소기업이나 주택 대출의 채무자가 변제 유예나 경감을 요구할 경우, 금융기관은 융자 조건의 변경에 적극적으로 응하도록 정한 법률이다. 법률의 규정은 단지 '금융기관의 노력 의무'를 정한 것에 불과했지만 효과는 절대적이었다.

고이즈미 내각(다케나카 금융담당대신) 시대 이후 '불량채권 처리' 정책이라는 이름 아래 금융기관에게 융자 조건의 변경(기한 연장, 금리 인하 등)을 신청한 기업의 채권은 '불량채권'으로 간주하여 금융기관은 금융청에서 그 '처리'나 '처리의 촉진'을, 해당 기업은 금융기관에게서 융자의 조기 변제 압박을 받았다. 그러던 것이 이 법의 성립 이후 금융 행정이 일변하여 금융청은 금융기관에게 최선을 다해 채무자의 의향에 따르도록 요청하고, 금융기관은 채무자의 입장에 서서 어떻게 융자 조건을 변경하면 기업 경영을 유지할 수 있고 채무를 변제할 수 있는지 상담하게 되었다.

채무자는 물론 금융기관에게 있어서도, 심지어 감독 관청인 금융청에게도 고마운 일이었다. 이른바 '혈맥을 뚫은' 법률이었다.

당초 2011년 3월 말까지 시한 입법(특정 기간까지만 효력을 발휘하는 법률-옮긴이)이었던 이 법은 두 번 연장되어 2013년 3월 말로 효력을 잃었다. 이때는 이미 정권이 자민당·공명당 연립내각인 제2차 아베 내각으로 옮겨간 뒤였지만, 금융청의 자세는 '금융원활화법'이 존재했던 시대와 다름없이 금융기관의 기업 지원을 중시하는 방향 그대로 남아 현재에 이르고 있다. 아베 내각도 쓸데없이 풍파를 일으켜서 기업 도산을 증가시키고 경기를 악화시키는 것보다는 기업 지원을 계속하는 편이 낫다고 판단한 것 같다.

후텐마 기지 이전 문제와 좌절, 내각 퇴진으로

출범 이후 때때로 재원 문제로 어려움을 겪기도 했지만 비교적 순항하던 하토야마 내각을 크게 고꾸라트린 것이 바로 오키나와 후텐마 미군 기지 이전 문제였다.

하토야마 수상은 미군의 후텐마 비행장의 폐쇄와 이전 문제에서 이전 장소는 '적어도 오키나와 현 밖'이라고 주장했는데 수상 취임 뒤에도 기조에 변함이 없었다. 그러나 2010년 5월 수상은 자신의 의사를 번복하고 28일에 헤노코 해안가로 이전한다는 정부안을 내각 회의에서 결정했다(이 결정에 반대하여 각의에서 서명을 거부한 후쿠시마 미즈호 소비자담당대신은 파면, 5월 30일 사민당은 연립내각 이탈을 결정). 하토야마 수상은 6월 2일 수상과 민주당 대표직 사임을 정식으로 표명했고, 하토야마 내각은 2010년 6월 4일 총사직했다.

하토야마 수상이 외무 관료의 '위조문서'를 보고 속았다?

퇴진 후의 하토야마 전 수상의 말에 따르면 그는 '적어도 오키나와 현 밖'이라는 신조로 가고시마 현 도쿠노시마로의 이전을 검토하고 있었다. 이것을 단념하고 '부득이 헤노코'로 바꾼 것은 2010년 4월 19일 그를 방문한 방위성과 외무성의 간부가 보여준 '극비 문서'의 영향이 컸다고 한다.

극비 도장이 찍혀 있었던 그 문서('후텐마 이전 설치 문제에 관한 미국의 설명'이라는 제목의 문서)에는 외무성 담당자가 도쿄 주재 미국 대사관에서 받은 '후텐마 비행장의 도쿠노시마 이전이 어려운 이유'가 세 장에 걸쳐서 기록되어 있었다. 오키나와에서 도쿠노시마까지의 거리가 멀고 '통상 훈련을 위한 거점 간의 거리에 관한 기준'이라는 미군 매뉴얼에 명기되어 있는 '56해리(약 120km)'를 크게 초과한다고 기재되어 있었던 것이다.

그 문서를 보고 하토야마 수상은 도쿠노시마 안을 고심 끝에 철회

했다는 것이다(오키나와 훈련장에서 56해리라면 대부분이 오키나와 현 내에 한정된다. 오키나와와 도쿠노시마 간의 거리는 약 107해리).

이 이야기에는 후일담이 있다. '56해리'라는 규정은 '미군 매뉴얼'에 적혀 있지 않다는 것, 그리고 '극비' 문서라는 것이 외무성에 남아 있지 않다는 것이다. 결국 하토야마 수상은 외무성과 방위성의 고위 관료가 가져온 '위조문서'를 보고 속았다는 것이다(2016년 2월 4일 일본 기자 클럽에서 열린 하토야마 전 수상의 강연회 '하토야마 전 총리가 밝히는 헤노코 신기지의 진상'에서의 하토야마 전 수상의 발언).

간 내각,
'신성장 전략' 책정과
소비세 증세
발언으로 자폭

2010년 6월 8일 하토야마 내각의 뒤를 이어 사회민주당이 빠진 민주당과 국민신당의 연립내각인 간 나오토 내각이 출범했다.

간 내각이 시행한 최초의 거대 정책은 '신성장 전략'의 내각 회의 결정(2010년 6월 18일)이었다. '신성장 전략'은 이미 골자가 하토야마 내각 당시의 2009년 12월 30일에 내각 회의에서 결정되어 있었다. 그런 까닭에 실질적으로 하토야마 내각에서 작성한 전략이라고 할 수 있지만, 당시의 간 수상은 부수상 겸 국가전략 경제재정정책담당대신이었기 때문에 이 전략 책정에 깊숙이 관여했을 것이다. 따라서 이 '전략'은 간 내각의 '전략'이라고 봐도 된다.

'신성장 전략', '성장 제일' 노선으로

이 '전략'은 환경 에너지 대국 전략, 건강 대국 전략, 아시아 경제 전략, 관광 지역 활성화 전략, 과학·기술·정보통신 입국 전략, 고용·인재 전략의 여섯 가지를 실행함으로써 2020년 경제 규모 650조 엔, 연평균 명목 3%, 실질 2%를 웃도는 GDP 성장을 목표로 한다는 것이었다.

여기에는 두 가지 큰 문제가 있다.

하나는 왜 '성장 전략'인가 하는 것이다.

고이즈미 내각 이후의 자민당 내각 시대를 되돌아보면, 먼저 고이즈미 내각 시대에는 경제재정자문회의가 설치되어 '호네부토 방침'의 결정이 있었다. 동시에 '구조개혁과 경제 재정의 중기 전망(개혁과 전망)'을 책정하여 매년 개정되었다.

제1차 아베 내각 때도 마찬가지로 무턱대고 '아름다운 나라'라는 말로 장식된 '개혁과 전망(일본 경제의 방향과 전략)'이 책정되었다. 대부분이 주목하지 않았지만 후쿠다 내각 당시에도, 아소 내각 당시에도 마찬가지 전략과 전망의 문서가 있었다.

그것이 민주당 정권이 들어서고 나서 경제재정자문회의는 더 이상 활용되지 않고 '호네부토 방침'도 제시되지 않았다. 여기에 누구도 의문을 제기하지 않았다.

그럼에도 왜 '신성장 전략'인가?

다른 하나는 '신성장 전략'의 내용이다. 자민당 내각 시대의 '개혁과 전망'과 무엇이 다른가?

오로지 나라의 미래만 말하며 사람들의 삶의 미래를 말하지 않는 점에서, 이 나라의 미래를 '대국'으로 상상하는 점에서, 목표 실현의 수단으로써 규제 개혁을 중시하는 점에서 거의 차이가 없다.

구체적인 내용을 봐도 법인세율을 주요국 수준으로 인하, 민관의 제휴에 의한 인프라 수출 추진, '국제전략종합특구' 제도의 창설 등이 들어 있다. 자민당 내각의 정책으로 보일 정도다. 하토야마 내각 당시에 있었던 임금과 노동 조건의 대폭 개선, 의료, 복지와 교육의 재생 등 '생활 중시' 정책은 뒤로 밀려나고 성장 중시, 친재계 정책이 다시 전면으로 나온 것이다.

2009년 9월의 정권 출범에서 1년도 지나지 않았음에도 하토야마 내각의 퇴진, 간 내각의 출범과 함께 민주당 정권은 크게 변질되었다.

'재정 운영 전략' 책정, '재정 재건 최우선' 노선으로

정책의 큰 노선 전환은 또 하나가 있었다. 출범한 지 얼마 안 되어 간 내각은 각료 회의에서 '재정 운영 전략'을 결정한 것이다(2010년 6월 22일).

'기초 재정수지는 늦어도 2015년까지 GDP 대비 적자 비율을 2010년 수준에서 반절로 줄이고, 2020년까지 흑자화한다', '2021년 이후 선진국에서 가장 높은 국가와 지방의 GDP 대비 장기 채무 잔고 비율을 안정적으로 떨어뜨린다' 등이 '재정 운영 전략'의 주된 목표였다.

이상과 같은 정책 전환의 배경에는 '재정 파탄 위험을 단호하게 대응'함으로써 '그리스처럼 국채시장에서 우리나라가 신뢰를 잃어 … 재정이 파산 상태에 빠지는 일이 없도록 해야 한다 … 정치의 강력한 리더십으로 개혁을 한다면 … 아직 늦지 않았다'는 상황 인식이 자리잡고 있다. 나아가 간 나오토 내각은 '국채 이자 및 상환에 드는 비용을 제외한 세출을 2010년 수준(71조 엔 이하)으로 억제한다(2011~1013

년 중기 재정 프레임)'는 목표를 내세우기도 했다.

이런 심각한 위기 의식은 1996년과 1997년 당시의 자민당 하시모토 내각의 정책을 방불케 한다.

소비세 증세 발언까지 남은 한 걸음, 간 내각의 출범과 함께 민주당 정권의 정책 기조는 그렇게 크게 바뀌었다.

'소비세 증세 발언'과 참의원에서 참패

2010년 7월 11일의 참의원 선거 전 선언 발표 회견(6월 17일)에서 간 수상은 '2010년 안에 세율과 역진성 대책을 포함한 소비세 개혁안을 정리하겠다, 당면한 세율은 자민당이 공약으로 내건 10%를 참고한다'고 표명했다.

선거를 앞두고 표명한 이 발언의 진의는 알 수 없다. '일본을 그리스처럼 만들 수 없다'는 강한 위기 의식이 수상으로 하여금 그런 말을 하게 만든 것으로 보인다. 민주당 대표로서는 '자민당과 같은 주장을 한 것이니 선거에는 큰 영향이 없을 것이다'고 발언의 영향을 가볍게 여겼을지도 모른다. 그러나 이 발언은 '앞 선거에서 위임받은 정권 담당 기간 중에는 현행 소비세율 5%를 그대로 유지하기로 한다'는 3당 합의를 위반하는 것이자 유권자의 신뢰를 훼손하는 것이었다.

간 수상의 발언은 이후 여러 번 바뀌었다. 하지만 유권자의 신뢰를 얻지 못한 민주당은 참의원 선거에서 대패하고 만다(자민당 51석, 민주당 44석, 모두의 당 10석, 공명당 9석). 참의원 대패로 정부 여당의 보유

의석 수는 과반수에도 미치지 못했다. 앞선 자민당 말기 정권처럼 민주당은 어려운 의회 운영에 시달릴 수밖에 없었다.

2011년도의 예산 편성을 살펴보자. 국채 이자 및 상환에 드는 비용을 제외한 세출을 전년도 수준(약 71조 엔)으로 억제하겠다는 '중기 재정 프레임' 목표를 추진함으로써 사회보장 지출의 자연 증가분을 제외한 의료, 복지 서비스 확충 등의 시책은 거의 실현되지 못했다 (그림 7-2).

동일본 대지진, 원전 사고 발생

이렇게 민주당 정권의 정책 운영이 점점 어려워지던 가운데 2011년 3월 11일 도호쿠 대지진이 발생했다. 이어서 도쿄전력의 후쿠시마 제1원자력발전소 사고가 발생하여 간 정권은 대응 마련에 몰두했다.

사고가 일어난 후쿠시마 제1원자력발전소를 비롯한 국내의 원전은 역대 자민당 정권 때 건설된 것들이다. 따라서 지진과 쓰나미가 발생하여 대사고로 이어진 관리상의 책임을 묻는다면 순전히 과거의 자민당 정부와 전력회사가 져야 했다. 그것이 간혹 일어나는 사고 때마다 정권에 앉아 있던 민주당(간 정권)에게는 불운과 불행한 일이지만 민주당 역시 떳떳할 수는 없었다. 사고 발생 이전의 민주당 정권은 앞에서 본 '신성장 전략'에서 '그린 이노베이션에 의한 환경·에너지 대국 전략'을 첫 번째로 내세워 '원자력 이용에 착실히 대처한다'고 밝혔다. 동시에 내각 회의에서 결정된 '에너지 기본 계획'에서는 원전에 대해

'신규 증설 추진, 설비 이용률 향상 등 적극적으로 확대를 도모한다'며 '2020년까지 9기의 원자력발전소를, 2030년까지 최소 14기 이상의 원자력발전소를 증설'한다는 방침을 세웠기 때문이다.

2011년 사고 당시에는 사고 발생 후 간 수상의 행동과 발언이 문제가 되어 수상 퇴진으로 이어졌지만(9월 2일), 객관적으로 냉정하게 판단하면 간 수상의 언동에 큰 잘못은 없었다. 쓰나미로 인한 사고 발생 위험성이 매우 높은 시즈오카 현 하마오카 원전을 중부전력에 의뢰하여 운전 정지 명령을 내리기도 했기 때문이다(2011년 5월 9일).

되돌아보면 당시 대응으로 아쉬운 점은 정부 정책으로써 '탈원전'이 간 내각 혹은 후계 노다 내각에서 추진되지 않았다는 것이다.

2011년 3월의 사고 이후 재가동을 시작한 전국 각지의 원전은 순차적으로 정기 점검상 정지 상태에 들어갔는데, 2013년 9월부터는 가동되는 원전이 제로가 되는 상태가 1년 이상 계속되었다. 그러나 다행스럽게도 당시 일본의 전력은 공급 초과 상태에 있었다. 모든 전력 사업자의 최대 출력은 2억 2,815만 킬로와트, 원자력을 제외해도 1억 7,930만 킬로와트였다('전력조사통계' 2011년 1월). 당시의 전력 수요의 정점은 1억 7,900만 킬로와트였다(2007년 8월 '에너지백서 2010'). 모든 원전을 정지시켜도 기존의 화력과 수력 발전소를 풀가동하면 피크 시간대의 수요를 맞출 수 있었던 것이다. 결과적으로 원전 가동률을 제로로 해도 전력 부족은 일어나지 않았을 것이다.

또한 지구온난화 문제도 있어 태양광, 풍력, 지열 등 자연 에너지를 이용한 발전도 증가하고 있었다. 해외에서도 독일 정부가 2022년까지 '탈원전'으로 합의를 봤다(2011년 5월 30일)는 기사도 나왔다.

이러한 객관적 정세와 당시 일본 사회의 여론을 근거로 민주당 정권(간 내각)이 '탈원전' 방침을 내세워 여론의 신임을 물었다면 이 정책은 실현 가능했을 것이다.

노다 내각,
자공 정권으로의
사전 준비?

'사회보장과 세금의
일체 개혁'

참의원 선거 패배, 원전 사고 대응, 지방선거에서 민주당 패배(2011년 4월) 등으로 민주당 내에서도 간 수상의 퇴진을 촉구하는 목소리가 높았다. 게다가 부결은 되었지만 국회에서 내각 불신임 결의안이 제출되기도 했다. 간 수상은 2011년 6월 2일 민주당 대의사회에서 사임 의향을 표명하고, 간 내각은 2011년 8월 30일 총사직했다. 뒤를 이어 발족된 것이 노다 요시히코 내각이었다.

사회보장과 세금의 일체 개혁

하토야마 내각에서 간 내각으로 교체됨으로써 이미 한번 변질된 민주당 내각(국민신당과의 연립내각)은 노다 내각으로 교체되어 결정적으로 변질되었다.

노다 내각은 '사회보장과 세금의 일체 개혁'을 목표로 자공(자민당과 공명당 연합 세력의 약자-옮긴이)과의 정책 합의를 통해 소비세증세법, 사회보장제도개혁추진법 등을 통과시켰다. 결과적으로 뒤를 이은 자공 정권의 소비세 증세, 사회보장제도 개정 실현의 길을 닦았던 것이다.

그 포석은 이미 노다 수상 취임 당시의 소신 표명 연설(2011년 9월 13일)에 나와 있었다. 노다 수상은 '6월에 정부와 여당이 정리한 '사회보장·세금일체개혁성안'을 토대로 진지한 태도로 야당과 협의해 차기 통상 국회로 관련 법안 제출을 목표로 하겠습니다. 여야가 대화를 통해 법안 형성을 위한 합의를 형성할 수 있도록 사회보장과 세금의 일체 개혁에 관한 정책 협의에 각 정당과 계파 모두 참여해주기를 진심으로 바랍니다'라고 소신을 밝혔다.

그 배경에는 필시 전임 간 수상과 마찬가지로 일본 재정에 강한 위기 의식이 자리하고 있었다. 소신 표명 연설에서 노다 수상은 '대지진 발생 전부터 일본의 재정은 국가 세입의 절반을 국채에 의존하고 있어서 국가의 총채무 잔고가 1천조 엔에 달하는 위기 상황에 놓여 있었습니다. 대지진으로 재정 위기 수준은 다시 고조되었고 주요 선진국 중 최악의 수준에 있습니다. 국가의 신용이 심각하게 의문시되고 있는 현재의 상황에서 눈덩이처럼 채무가 늘어나는 재정 운영을 언제까지 계속할 수는 없습니다. 말이 없는 미래 세대에게 이 이상의 빚을 물려주어야 하겠습니까? 오늘을 사는 정치가에게 책임을 묻고 있습니다'라고 말했다.

이러한 강한 위기 의식과 정치가로서의 '책임감'이 '소비세 증세'와 '최대 세출 항목인 사회보장비 삭감'의 길을, 결국 정권의 공약(3당 합의) 포기로 이어질 수밖에 없는 야당과의 합의를 종용한 것인지도 모른다.

이렇게 노다 내각은 민주당·자민당·공명당 세 당이 합의한 '사회보장과 세금에 관한 3당 합의(2011년 6월 21일)'에 기초한 '소비세증세법안', '사회보장제도개혁추진법안' 외 6개 법안을 작성하여 2012년 8월 10일에 통과시켰다.

'소비세증세법안'은 소비세의 세율을 2014년 4월에 8%, 2015년 10월에 10%까지 올리기로 했다.

또한 '사회보장제도개혁추진법안'은 '사회보장제도 개혁은 … 자조(自助), 공조(共助), 공조(公助)가 가장 적절하게 조합되도록 유의하면서 … 가족 및 국민 상호 간에 협력하는 구조로 만들어 그 실현을 지원해 나가는 것', '납부자의 입장에서 부담이 늘어나지 않도록 세금과 사회보험료를 억제하면서 지속 가능한 제도로 만드는 것' 등을 정해 헌법 제25조의 규정(건강하고 문화적인 최저한의 생활을 누릴 권리 및 사회보장 등의 향상 및 증진에 힘써야 하는 정부의 책무)을 무시한 헌법 위반 혐의가 매우 의심스러운 법률이었다. 겨우 15조목의 법률이지만 생활보호 제도를 재검토해야 한다는 조항도 포함되어 있었다.

노다 내각의 역할은 이 두 법안을 통과시킨 것으로 끝났다. 아베 내각은 이 법률을 활용하여 소비세율을 인상하고 사회보장제도를 매년 개악했다.

TPP 참가 표명

노다 내각이 아베 내각의 선도 역할을 수행한 예가 하나 더 있다.

TPP(환태평양파트너십협정) 참가를 표명한 것이다.

TPP는 원래 태평양을 둘러싼 소국들 간의 협정(P4라고 부름, 2006년 발족)이었다. 여기에 미국이 참가를 희망하고(2008년) 미국과 NAFTA(북미자유무역협정)로 묶여 있는 캐나다와 멕시코가, 아시아 국가에서 말레이시아와 베트남이, 오세아니아에서 오스트레일리아가, 남미에서 페루가 참가하여 11개국 간의 협의가 개시되었다(그림 7-3).

TPP의 본질은 '가맹국 간의 국경을 가능한 없앤다'는 협정이며 ① 예외 품목 없이 관세 제로, 비관세 장벽 철폐, ②가맹국 간의 무역, 투자, 경제 활동 등에 관한 제도와 규제의 동일화를 도모하겠다는 협력의 추진이었다.

그림 7-3. TPP와 관련 개념도

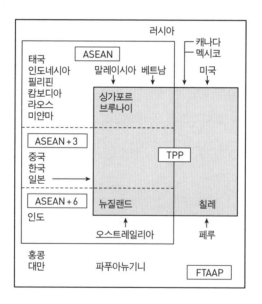

미국의 오바마 대통령이 참가를 희망한 이유는 두 가지였다. 첫째는 환태평양 국가와의 교류 활성화로 수출을 증대시켜 미국의 경기를 개선시키는 것이었다. 둘째는 미국의 경제 규칙을 세계의 규칙으로 만드는 것이었다. 미국에게는 TPP를 확대시킨 TAPP(아시아태평양자유무역권)를 만드는 구상이 있었다. 한편 동남아시아 국가는 이미 ASEAN(동남아시아국가연합)이, 이를 확대시킨 ASEAN+3, ASEAN+6이라는 구상이 있었다. 아시아 주도의 이러한 경제권이 시동을 걸기 전에 미국 규칙의 TPP를 결성하고 싶었던 것이다.

미국으로서는 TPP에 일본을 끌어들임으로써 얻는 이익이 많았다. 당연히 일본 정부에게 요청을 했을 것이고 여기에 간 내각이 응했을 것이다. 소신 표명 연설(2010년 10월 1일)에서 참가를 표명한 것이다. 간 수상으로서는 하토야마 내각 당시의 미군 후텐마 비행장의 '적어도 오키나와 현 밖으로' 이전 문제나 '동아시아 공동체 구상(미국은 들어가지 않는다)'으로 미국의 기분을 상하게 한 점이 있어 이를 조금이나마 풀어주려고 했을 수도 있다. 그러나 정권은 단명했고 결국 간 내각은 구체적으로 어떤 행동도 취하지 못한 채 퇴진했다. 이를 이어받은 노다 내각 역시 TPP 협의에 참가하지 못했다. 결과적으로 이 문제 역시 뒤를 이은 아베 내각에게 참가의 길을 열어준 것이다.

결과적으로 자민당을 위한 발판 조성에 다양하게 노력한 노다 내각은 2012년 11월 16일 국회를 해산하고 총선거에 나섰다. 이 선거에서 대패한 것은 모두가 아는 사실이다. 민주당 내각 시대는 끝났다.

민주당 정권의
3년 3개월을
되돌아보며

여기서 2009년 9월의 하토야마 내각의 등장부터 2012년 12월의 노다 내각의 퇴진까지 민주당 정권 시대를 되돌아보자. 먼저 경기 동향이다.

경기는 잠시 회복했지만 대지진, 엔고 영향으로 침체

민주당 정권은 리먼 쇼크의 대침체에서 회복되는(2009년 4월~, 그림 1-1, 1-3) 시기에 출범했다. 그러나 2009년은 GDP 실질성장률이 마이너스 5.4%로 전후 일본 경제 역사상 최대의 낙폭을 기록한 해였다(그림 7-4).

이러던 것이 2010년에는 GDP 실질성장률 4.2%를 기록하며 플러스 성장으로 회복했다. 회복을 불러온 것은 해외 경기 회복에 따른 수출 증가와 소비를 중심으로 하는 국내 민간 수요의 회복이었다.

그림 7-4. GDP 실질성장률과 기여도 추이 ⑤

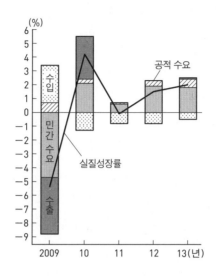

출처 | 내각부 '국민경제계산'

그러나 2011년의 실질성장률은 마이너스 0.1%로 다시 마이너스 성장으로 내려앉았다. 3월 11일 동일본 대지진과 원전 사고가 발생하여 국내 민간 수요가 크게 침체되었기 때문이다(그림 7-4). 초단기의 침체로 경기 하강 기간이라고 인정되지는 않았지만 불행한 일이었다. 아울러 그해 엔고가 대규모로 진행되어 수출은 감소한 반면 수입이 크게 늘었다.

더욱이 엔고는 이미 2008년부터 시작되고 있었는데 점점 가속화하여 2012년까지 계속되었다(그림 7-5). 2008년부터 2009년까지의 엔고는 리먼 쇼크로 일본의 금융계, 투자가, 기업이 받은 피해가 상대적으로 적었던 것과 2007년까지의 일본의 경상수지 흑자가 매우 컸던(그림 7-5) 영향으로 보인다. 다음의 두 요인이 엔 강세를 촉발한 원인으로 지목된다.

① 리먼 쇼크 당시 구미 국가는 경기 대책으로 금리를 내리고 양적 완화를 단행했으나, 일본은 이미 초저금리 정책을 취하고 있어서 양적완화의 여지도 적었다. 결과적으로 구미 국가와 일본 간의 금리 차이는 축소되었다(엔고·저달러 요인).

② 대지진으로 보험회사는 엔화 자금이 필요했다 → 해외 투자했던 자산을 엔으로 환전하는 과정에서 엔 강세가 출현했다.

하여튼 2009년부터 2012년에 걸쳐 엔고가 대규모로 진행되었다. 이 때문에 수출은 감소했고 GDP 실질성장 기여도 역시 제로가 되는 해가 이어졌다. 민주당 정권으로서는 불행한 일이었다.

경기는 2012년 3월부터 11월까지의 초단기간 하강 국면에 들어섰다(그림 1-1, 1-3). 게다가 2011년과 2012년 그리스 통화위기가 심각해지면서 유럽 경제가 잠시 침체 상태에 빠졌고 일본의 수출이 악영향을 받기도 했다.

2012년 12월부터 경기는 회복세로 돌아섰지만 이미 민주당 정권 시대가 끝나가고 있었다.

그림 7-5. 엔고의 진행과 수출 침체

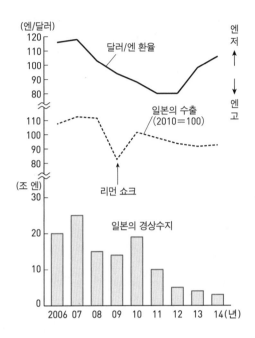

(엔/달러)
120
110 달러/엔 환율
100
90
80

엔
저
↑
↓
엔
고

일본의 수출
(2010=100)
110
100
90
80

(조 엔)
30

리먼 쇼크

일본의 경상수지
20

10

0
2006 07 08 09 10 11 12 13 14(년)

주 | 달러/엔 환율은 연평균
출처 | 내각부 '연차경제보고(2019년판)'

불충분하게 끝난 파견제도의 재검토

연립정권의 '3당 합의'에 실린 정책 중에서 본문에서 언급하지 않은 정책에 대해 민주당 정권 발족 이후의 경위를 간단히 정리해본다(주: ○는 거의 실현, ▲는 일부 실현했지만 불충분, ●는 실현하지 못했음을 표시).

▲ '우정사업의 근본적 재검토' – 고이즈미 내각 당시에 결정된 우정 민영화에서는 산간 지역과 낙도 지역 사람들이 '우체국 예금'이나 '간이생명보험' 등의 금융서비스를 받을 수 없다는 우려가 있어 금융 2곳의 완전 민영화를 재검토하는 등이 포함된 '우정개혁관련법안'을 국회에 제출했다(2010년 4월). 그러나 이후 참의원에서 야당이 다수를 점하자 분규가 일어났다. 최종적으로는 대부분을 우정 민영화 위원에게 위임하는 '우정민영화법등개정법'을 통과시켰다(2012년 4월).

● '후기고령자 의료제도 폐지' – 폐지의 전제가 되는 노인보건제도의 부활이 전국의 지자체 의료 관계자의 반대로 난항을 겪었다. 결국 폐지는 보류되고 말았다.

○ '장애인자립지원법 폐지, 이용자의 응능부담 원칙을 기본으로 하는 종합적인 제도를 만든다' – 2010년 법 개정에서 '상한을 둔 응률부담(같은 비율로 세금 혹은 복지 서비스를 부과하는 원칙. 세금을 예를 들면 소비세-옮긴이)'을 '응능부담(부담하는 이의 조세 부담 능력에 따라 세금 혹은 복지 서비스를 부과하는 원칙. 세금을 예를 들면 누진세-옮긴이)'으로 변경하여 2012년 4월부터 실시되었다. 2012년 4월에는 '지역사회에서 공생의 실현을 도모하기 위한 새로운 장애인 보건복지책 강구 관련 법률 정비에 관한 법률'이 공포되었다. 이 법으로 '장애인자립지원법'은 '장애인종합지원법'이 되어 지원 확충 등이 개정되었다(2013년 4월 시행).

▲ '노동자파견법의 근본 개정' – '노동자파견법개정안'을 국회에 제출(2010년 4월), 1년 반 동안 먼지만 쌓이다가 민주·자민·공명 3당의 수정으로 제조업 파견·등록형 파견 원칙 금지 조항을 삭제하는

등 알맹이를 뺀 채 통과되었다. 단 일용직 노동자의 파견은 원칙적으로 금지되었다(2011년).

● '지구온난화 대책 추진' – 하토야마 수상이 2009년 9월 22일 뉴욕의 유엔기후변화회의에서 2020년까지 1990년 대비 25%의 온실가스를 삭감하는 것이 일본의 중간 목표라고 말했지만, 이후 민주당 정권에서 특단의 조치는 취해지지 않았다.

● '동아시아 공동체 구축을 목표로 한다' – 민주당 정권에서 특별한 진전은 없었다.

왜 민주당 정권은 자멸했는가

'적어도 오키나와 현 밖으로'의 미군 기지 이전 정책도 실현하지 못한 채 퇴진(하토야마 내각), '소비세 증세'를 부르짖고 참의원 선거에서 대패(간 내각), '소비세 증세'와 '사회보장비 억제' 법안 시행 후 치러진 총선거에서 대패(노다 내각)로 민주당의 세 내각은 자멸하는 모양새로 퇴진했다.

어쩌다 이렇게 되었을까.

가장 큰 이유는 민주당 정권을 가로막고 선 벽이 너무 두꺼웠다는 데 있다. 미국의 벽, 재계의 벽, 관료의 벽이. 오키나와 기지 이전 문제는 그렇다고 쳐도 '구조개혁'을 부정하는 다양한 경제 정책과 사회 정책도 그러했다. 6장에서 본 것처럼 '구조개혁'은 재계와 미국의 요구에 응한 정책이었다. 이 정책을 부정하고 그 '효과'를 없던 것으로 하려던 민주당 정권의 정책 앞에 이들 세 개의 벽이 막아서 실현을 방해한 것은 당연한 일이었는지도 모른다. 재계와 미국의 벽이 직접적으로 민주당 정권의 앞을 가로막은 것은 아니었지만, 그들의 대변자인 관료들이 막아섰다. '적어도 오키나와 현 밖으로' 안을 속임수로 방해한 외무성과 방위성의 관리가 좋은 예다.

벽은 정권 외부뿐 아니라 내부에도 존재했다. 민주당은 한동안 자민당과 '개혁'의 선명성을 다투던 정당이다. 심정적으로는 '구조개혁'에 찬성하는 당원도 다수 있었을 것이다.

그러한 수많은 벽 앞에서 민주당 정권은 그 벽을 돌파할 힘을 충분히 가지지 못했다.

많고 두꺼운 벽의 존재와 그 벽을 돌파하는 힘의 부족, 그것이 민주당 정권의 자멸을 불러온 것은 아닐까.

구체적으로 살펴보자.

먼저 하토야마 내각이다.

'적어도 오키나와 현 밖으로'라는 하토야마 수상의 주장은 옳았다. 오키나와 사람들은 물론이고 일본 본토 사람들도 충분히 받아들일 수 있는 주장이었다. 그러나 뒤가 안 좋았다.

'적어도 오키나와 현 밖으로'라는 주장은 먼저 미국은 물론이고 외무성과 방위성의 관료들이 순순히 받아들일 수 없는 주장이었다. 그러한 사실은 하토야마 수상과 그 주변인들, 그리고 민주당과 연립 여당의 인물들도 충분히 알고 있었을 것이다. 그러면 작전을 세우고 행동하는 것이 필요했다. 먼저 정권 내, 민주당 내, 연립 여당 내의 의지를 통일해야 했다. 그리고 역할 분담을 정해 개개인이 같은 의지를 기반으로 행동해야 했다. 그런 다음 하토야마 수상 측이 미국으로 건너가 오바마 대통령과 면담한다는 계획이 나왔어야 했다. '적어도 오키나와 현 밖으로' 구상의 실현을 위해 정권의 모든 힘을 쏟는, 그러한 돌파력이 하토야마 내각에게는 결여되어 있었던 것이 아닐까.

다음으로 간 내각이다.

한 가지 큰 의문이 있다. 자민당 내각의 것이 아닌지 의심하게 되는 '신성장 전략', 하토야마 수상의 '소신 표명'과는 정반대의 내용을 담은 '성장 전략'을 왜 책정했을까. 설마 재계의 조언을 받았을 리는 없다. 관료들의 권고라도 받은 것인지, 아니면 간 수상의 마음속에 있는 '구조개혁' 지향이 발동한 것인지 완전히 이해 불가다.

이 시기의 민주당 정권에서 '장기 비전'이 필요했다면 그것은 '경제의 장기 비전'이 아닌 '삶의 장기 비전'이었을 것이다. 민주당 정권이 장래 어떤 삶을 실현해 나갈 것인가? 그 미래상이야말로 민주당 정권이 그려야 할 것이 아니었던가.

그리고 '소비세 증세' 발언이다. 그 배후에는 그리스 위기 앞에서 나온 재무 관료의 발언 내지는 충고가 있었다고 추측된다. '일본은 이대로라면 그리스처럼 됩니다'라고.

그런 발언이나 충고가 있었다는 말인데, 당시 '정말 그런지' 조사하거나 당 간부나 신뢰할 수 있는 경제학자에게 물어보려고 하지 않았던 것인가. 하지 않았다면, 혹은 했다고 하더라도 대답이 그대로였다면 여기서 알 수 있는 사실은 역시 민주당 정권의 지식 부족, 특히 돌파력이 되는 지식이 없었다는 것이다.

일본이 그리스가 될 리 없다는 것은 조금만 조사해봐도, 정통한 학자에게 물어봐도 바로 알 수 있는 사실이기 때문이다.

노다 수상도 마찬가지다.

생각건대 민주당 정권의 벽은 돈 문제, 재원 문제였다. 필요 없는 세출을 없애면 더욱 돈이 나올 터였다. '공개예산심의'를 해봤지만 2, 3조 엔의 돈밖에 나오지 않았다.

그러나 민주당 정권은 최대의 낭비를 손보지 않았다. 바로 군사비(방위 예산)다. 민주당 정권의 방위비는 3년간 거의 같은 금액이 할당되었다. 매년 4.7조 엔(그림 7-2)이었다. 어째서 군사비를 '공개예산심의'의 대상으로조차 하지 않았을까. '군함·전차에서 사람으로'가 '콘크리트에서 사람으로'와 함께 또 하나의 슬로건이었다면 어땠을까.

세금 문제도 그랬다. 어째서 법인세 감세인가. 소비세 증세를 대신해서 소득세 증세(고액 소득자 대상 증세, 배당·주식 매각 수익 증세 등)가 있어야 마땅하지 않았는가. 그런 아이디어를 내는 세제 전문가 혹은 간부는 민주당 주위에 없었던 것인가.

난국을 만났을 때 국면을 타개하는 자유로운 발상, 말하자면 그것도 돌파력일 것이다. 민주당 정권에게는 그 돌파력이 결여되어 있었다고 생각할 수밖에 없다.

그렇다고 해도 민주당 정권의 등장이 한때의 꿈이었을지라도 많은 국민에게 희망을 주었던 것은 사실이다. 이 점을 높이 사고 싶다. 다음번에는 꿈을 실현할 수 있는, 그런 역량을 가진 정권의 등장을 기대한다.

8장

아베노믹스,
초금융완화와
세 번째
'구조개혁'
(2013-현재)

2012년 12월 총선은 자민당의 압승으로 끝났다(자민당 294석, 공명당 31석, 민주당 57석, 유신당 54석).

　'사회보장과 세금의 일체 개혁'에 반대하여 오자와 그룹이 민주당을 탈당할(2011년 7월) 때부터 이미 대세는 기울었다. 관료들, 특히 경제산업성 관료들이 자민당 본부를 왕래하는 것이 벌써부터 눈에 띄었다는 말도 나돌았다. 2012년 9월의 자민당 총재 선거에서 아베 전 수상이 승리한 이후로는 더욱 심해졌다고 한다(가루베 겐스케, 〈관료들의 아베노믹스〉, 2018). 관료들은 자신들의 세상이 왔다고 봤던 것이다. 아베 총재 쪽도 2012년 가을 미국에 있는 하마다 고이치 예일대 명예교수에게 국제전화로 '금융 정책으로 경제를 운영하는 것이 상식적이라고 말들 하는데 어떻게 생각합니까?' 하고 알아보기도 했다고 한다. 아베 정권의 부활 준비는 착착 진행되고 있었던 것이다.

제2차
아베 정권 출범

경제 정책 '아베노믹스'의
세 가지 특징

2012년 12월 16일 제2차 아베 내각이 출범했다.

첫 번째로 시행된 정책은 '일본 경제 재생을 위한 긴급 경제 대책 (2013년 1월 11일 내각 회의 결정)'이었다.

'대담한 금융 정책, 기동적 재정 정책, 민간 투자를 불러일으키는 성장 전략인 '세 개의 화살'로 장기간 계속된 엔고와 디플레이션 불황에서 탈출하여 고용과 소득의 확대를 도모한다'는 아베노믹스의 핵심 기조가 모두 언급되어 있다. 물론 이때 '아베노믹스'라는 호칭은 아직 사용되지 않았지만 '경제재정자문회의의 재가동'은 적혀 있다. 민주당 정권에서 3년간 휴면 상태에 있었던 회의의 부활이었다.

과학성과 합리성이 결여된 정책

아베 내각의 경제 정책에는 세 가지 특징이 있다. ①과학성과 합리성이 결여된 정책, ②기업을 위한 정책, ③삶의 시점이 결여된 정책이 그 것이다.

먼저 '아베노믹스' 정책의 과학성과 합리성이 결여되었다는 점을 보자.

제2차 아베 내각의 경제 정책의 초기 문서 중 가장 내용이 긴 것은 '경제 재정 운영과 개혁의 기본 방침(호네부토 방침, 2013년 6월 4일 내각 회의 결정)'이었다.

이 문서를 '왜 아베노믹스('세 개의 화살'을 중심으로 한 정책)라고 하는가', '정말 아베노믹스로 일본 경제의 재생이 가능한가'라는 문제의식을 가지고 봐도 어디에도 그에 대한 답은 없다. 전혀 알 수가 없다.

첫머리에 '1990년대 초반에 있었던 버블 붕괴를 계기로 일본 경제는 현재에 이르기까지 약 20년간 전반적으로 낮은 경제성장을 경험해왔다', '이 시기의 거시경제 운영을 되돌아보면 정부는 경기 대책과 금융기관의 불량채권 처리 촉진책 등 누차 정책 대응을 했고 일본은행도 양적완화와 제로 금리 정책 등을 시행해왔다 … 그러나 … 저성장과 디플레이션에서 탈출하는 것은 불가능했다'라고 쓰여 있다. 사실을 적은 것에 불과하다.

어째서 20년간 낮은 경제성장에 만족해왔는가, 어째서 정부 정책이 듣지 않았는가, 어떻게 하면 좋아졌을까에 대한 분석은 전혀 없다.

그러한 분석 없이 문서에는 갑자기 '세 개의 화살' 정책이 등장한다.

'아베 내각은 서로 보강 관계에 있는 '대담한 금융 정책', '기동적 재정 정책', '민간 투자를 불러일으키는 성장 전략'의 '세 개의 화살', 흔히 말하는 아베노믹스를 일체로 하여 지금까지와는 차원이 다른 수준으로 강력하게 추진해간다. … 장기간의 디플레이션과 경기 침체에서 탈출하기 위해서는 20년간의 정체에 대한 반성으로 지금까지의 양과

질 모두에서 차원이 다른 대응이 필요하다'로 이어진다.

지금까지와는 양과 질이 다른 정책을 실시하겠다. 그러니까 효과가 있을 것이다. 여기서 말하는 것은 그것이 다다. 정말로 효과가 있을까? 증명은 어디에도 없다.

장기 침체에서 탈출하기 위한 방책을 강구한다면 보통은 먼저 ① 장기 침체가 왜 일어났고 그 원인이 무엇인지를 분석하고 고찰할 것이다. 다음으로 ②지금까지의 정책은 왜 효과가 없었는지 혹시 침체 원인 분석이 잘못된 탓인지, 아니면 정책의 강도 문제인지를 검토한 후 ③새로운 정책을 제시하는 것이 상식 아닌가.

아베 내각은 그런 절차를 밟지 않고 갑자기 '세 개의 화살' 정책을 들고 나와 지금까지와는 양도 질도 다른 정책이므로 효과가 있을 것이라고 말한 것이다.

과학적 분석과 논리적 사고가 결여된 정책이라고 보는 까닭이다.

기업을 위한 정책

다음으로 기업을 위한 정책이다.

'일본 경제의 재생을 위한 긴급 경제 대책'에는 '세계에서 가장 기업하기 좋은 나라'를 목표로 한다는 문구가 있다. '재정, 세제, 규제 개혁, 금융 정책 등의 도구를 사용'하겠다는 것이다.

눈을 의심케 한다.

분명히 6장에서 본 것처럼 '구조개혁'의 본질은 재계의 요망에 응답한 기업을 위한 정책이었다. 그러나 이 정책 시행자들(고이즈미 수상이나 다케나카 대신 등)은 결코 기업을 위한다고 말하지 않았다. '일본 경제를 위해, 경제 재생을 위해'라고 적어도 표면상으로는 그럴듯한 말로 꾸며 정책을 실시했다. 당당하게 '세계에서 가장 기업하기 좋은 나라'를 만들겠다고 경제 정책의 목표에 '기업을 위해서'라고 내세운 것은 아마도 아베 수상이 처음일 것이다.

정직하다면 정직하다고 말할 수 있겠지만 과연 그래도 되는 걸까. 하여튼 기업을 위한 정책은 아베노믹스의 두 번째 특징이다.

삶의 시점이 결여된 정책

이제 '삶의 시점의 결여'다.

아베 수상은 취임 당시의 소신 표명 연설(2013년 1월)에서 '위기 상황에 놓인 우리나라의 현상'으로 '4가지 위기'를 말했다. 그 '4가지 위기'는 ①'일본 경제의 위기', ②동일본 대지진에서 부흥의 진전이 없다는 '부흥의 위기', ③'외교 안전보장의 위기', ④'교육의 위기'다. ③, ④ 두 가지는 정말이지 아베 수상다운 위기 인식으로 보이는데 어쨌든 중요한 점은 4가지로 분류한 '위기' 중에서 '사람들의 삶의 위기'가 들어가지 않는다. '파견촌'의 심각한 상황에서 채 4년이 지나지 않았는데 60% 이상의 세대가 '생활이 매우 어렵다' 혹은 '생활이 꽤나 힘들다'고 호소하고 있는(후생노동성 '국민생활기초조사' 2012년) 현실에도 불구하고 말이다. 아베 수상의 의식에는 사람들의 생활의 어려움은 들어가 있지 않았던 것이다.

뒤에서 언급하겠지만 이 '삶의 시점의 결여'는 아베노믹스가 성과를 거두지 못하는 큰 요인이 된다.

아베노믹스의
정책 1.
'대담한 금융 정책'

아베노믹스의 주요 정책을 보자.

아베노믹스라고 말할 경우 이 말이 '세 개의 화살'을 가리킬 경우 (좁은 의미)와 아베 내각의 경제 정책 전반을 가리킬 경우(넓은 의미)가 있는데, 여기서는 아베노믹스를 넓은 의미로 해석하여 그 주된 내용을 살펴본다.

먼저 대표 정책인 '대담한 금융 정책'이다.

일본은행에게 '대담한 금융 정책' 실시 유도

'대담한 금융 정책'을 제창하며 선거 중에 그 정책의 실시를 강조해왔던 아베 총재였지만 당선 이후 수상에 취임하여 정책을 실시하려고 했더니 큰 장애물이 있었다.

금융 정책을 실시하는 주체는 정부가 아니라 일본은행이었던 것이다.

일본은행법은 제1조에서 '일본은행은 우리나라의 중앙은행으로서

은행권을 발행함과 동시에 통화 및 금융의 조절을 목적으로 한다'고 정하고 있다. 또한 제3조는 '일본은행의 통화 및 금융의 조절에 있어서 자주성은 존중되어야 한다'고 정하고 있다. 여기서 말하는 '통화 및 금융의 조절'이란 금융 정책을 말한다. 이 제1조 및 제3조는 금융 정책을 실행하는 기관이 일본은행이고, 일본은행이 자주적으로 정책을 실행할 수 있다고 정하고 있는 셈이다.

아베 수상이 '대담한 금융 정책'을 펼치고 싶어도 일본은행이 동의하지 않으면 실시할 수 없다. 이 문제를 해결하기 위해 아베 수상이 먼저 생각한 것은 일본은행법을 고치는 일이었다. 일본은행법 제25조는 '일본은행의 임원은 … 재임 중 그 뜻에 반하여 해임될 수 없다'고 정하고 있다. 그 조항을 바꿔서 '정부의 뜻에 따르지 않는 일본은행 총재는 정부가 해임할 수 있다'로 고친다는 것이다.

2012년 11월 16일 중의원이 해산된 다음 기자회견에서 아베 자민당 총재는 '글로벌하고 새로운 금융에 대응하기 위하여 … 일본은행법의 개정도 고려했다 … 예전의 자민당은 한 번도 도전한 적이 없었던 대담한 금융완화를 시행해 나가겠다'고 말했고, 자민당 선거 공약(11월 21일 공표)에도 '일본은행법의 개정도 고려하여 정부와 일본은행 간 연대 강화의 틀을 만들겠다'고 써넣었다.

중앙은행의 독립성 확보는 제2차 세계대전 당시 각국의 중앙은행이 정부의 뜻에 따라서 대량의 국채를 떠안음으로써(결과적으로 정부는 전비를 조달할 수 있게 되지만) 국민이 전후 극심한 인플레이션에 시달린 학습 경험에서 만들어진 규정이다. 많은 나라가 이런 규정을 마련하고 있다. 일본은행법의 제3조, 제25조의 규정도 이러한 중앙은행의 독립을 확보하려는 것이었다. 그 '법률을 바꿔서라도'라는 것이 아베 자민당 총재의 의향이었다.

그러나 일본은행과 일본 국민에게 다행스럽게도 일본은행법은 개정되지 않았다.

하나는 2013년 1월 22일 정부와 일본은행 간의 협의가 합의에 도달하여 일본은행이 당시까지 '물가 안정 목표 1%'로 잡았던 것을 '물가 안정 목표 2%'로 한다는 정책 결정을 내리고 정부와 '공동성명'을 발표한 것이다. 이 건에 관해서 당시 시라카와 마사아키 일본은행 총재는 나중에 '주장을 명확하게 내걸은 정당이 국민의 압도적인 지지를 얻은 사실'에서 '무언가 공동문서를 작성하지 않을 수 없다고 판단'했다고 술회한다(시라카와 마사아키, 〈중앙은행〉). 아베 수상은 법을 바꾸는 일 없이 자신의 뜻을 실현했다.

다른 하나는 2013년 3월 일본은행 부총재 2명이 5년 임기를 마치고 퇴임하게 되었고, 또 5월에 임기가 끝나는 시라카와 총재도 사임한 일이었다. 아베 수상은 자신의 정책에 동의하는 구로다 하루히코 전 재무성 재무관을 총재로, 역시 이에 동의하는 인물 2명을 부총재로 임명할 수 있었다.

이렇게 일본은행은 구로다 총재 아래에서 아베 수상의 뜻을 이어받아 '대담한 금융 정책'을 2020년까지 시행하고 있다.

'대담한 금융 정책' 실시

이제 구로다 총재 취임 후의 일본은행이다.

2013년 4월 4일 일본은행은 구로다 총재가 말한 '차원이 다른 금융완화 정책'의 실시를 발표했다. 주요 내용을 요약하면 ①시중에서 국채를 연 50조 엔 이상 사들이며, ②ETF(상장지수펀드) 등의 구매도 늘리며, ③결과적으로 시중 금융기관의 보유 자금 잔고(본원통화)가 연간 약 60조~70조 엔 증가하도록 유도한다는 것이었다.

이 정책이 어떻게 '차원이 달랐는지'는 당시 일본은행이 발표한 자료(그림 8-1)를 보면 즉시 알 수 있다.

그림 8-1. 본원통화의 목표와 일본은행의 대차대조표 전망

(조 엔)

	12년 말(실적)	13년 말(전망)	14년 말(전망)
본원통화	138	200	270
(일본은행의 대차대조표 항목 내역)			
장기국채	89	140	190
CP등	2.1	2.2	2.2
사채 등	2.9	3.2	3.2
ETP	1.5	2.5	3.5
J-REIT	0.11	0.14	0.17
대출지원기금	3.3	13	18
기타 자산 합계	158	220	290
은행권	87	88	90
계좌예금	47	107	175
기타 사채 · 순자산 합	158	220	290

출처 | 일본은행 '양적, 질적 금융완화의 도입에 대해'(2013년 4월 4일) 첨부 자료

즉 2012년 말 약 138조 엔이었던 시중 금융기관의 보유 자금 잔고(본원통화)를 2013년 말 200조 엔, 2014년 말에는 270조 엔으로 증액시킨다는 것이다.

이만큼 증가한 보유 자금을 기반으로 시중 금융기관은 대출을 행할 것이므로 민간 경제 주체(기업이나 개인)가 보유한 통화도 늘어나 그 풍부한 자금이 소비와 투자로 이어져 민간의 경제 활동이 활성화되고 물가도 상승한다는 것이 일본은행의 생각이었다.

동시에 일본은행이 소비자물가 상승률 2%를 목표로 노력하고 있기 때문에 민간 기업과 개인도 머지않아 물가상승률은 2%가 된다고 믿을 것이고, 따라서 물가상승률이 2%가 되기 전까지는 더욱 소비와 투자를 늘리게 된다는 것이다. 이것이 일본은행과 아베 수상이 그린 시나리오였다.

특히 2014년 10월 일본은행은 '양적·질적 금융완화 확대'를 실시하여 본원통화의 증가액 목표를 연간 70조 엔에서 80조 엔으로 높였다(이른바 양적완화Quantitative Easing, QE는 중앙은행이 정책금리를 제로로 내려도 경기가 회복되지 않을 때 시중에 있는 국채 혹은 부동산담보부증권Mortgage Bond을 매입해 시장에 통화 공급을 늘리는 정책을 말한다. 그런데 일본은행은 중앙은행의 매수 대상에 국채나 모기지 증권뿐 아니라 회사채나 주식을 포함하는, 양적·질적 금융완화Quantitative and Quality Easing, QQE를 단행한 것이다–옮긴이). 게다가 2016년 2월 일본은행은 '마이너스 금리의 양적·질적 금융완화'를 도입해 2013년 4월 이후의 완화 때 공급한 자금이 일본은행에(각 금융기관의 당좌예금으로) 남아 있는 경우 이에 대해서는 0.1%의 벌칙성 금리를 부과하기에 이르렀다.

이러한 '대담한 금융 정책'의 결과는 어땠는가?

참담한 실패라고 할 수밖에 없다.

'대담한 금융 정책' 도입 5년 뒤인 2018년의 실적을 보면(그림 8-2), 시중 금융기관의 보유 자금 잔고(본원통화)는 2012년 말 138조 엔에서 2018년 말 504조 엔으로 3.65배 늘었다. 하지만 민간 기업과 개인이 보유한 자금량(통화량)은 862조 엔에서 1,014조 엔으로 1.2배 밖에 늘지 않았다. GDP도 그다지 늘지 않았다.

일본은행은 계속해서 시중 금융기관에게 자금을 공급했지만, 그 자금은 금융기관에서 민간에게 가지 않았던 것이다.

그림 8-2. 일본은행의 자금 공급량 증가. 시중 금융기관의 보유 자금 잔고(본원통화)는 늘어났지만 민간의 자금량(통화량)은 거의 늘지 않았다

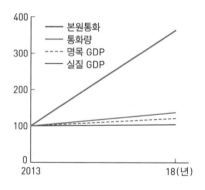

주 | 2013년=100
출처 | 일본은행 '금융경제통계월보'

당연한 일이었다. '대담한 금융 정책'이 실시되던 당시 일본은 이미 미국과 비교해서도 유로존에 비교해서도 금융이 완화된 상태에 있었고(그림 8-3, 8-4) 민간에는 충분한 자금이 돌고 있었다. 이런 상황에서 자금을 공급해도 민간은 돈을 빌릴 필요가 없다. 금융기관이 빌려주고 싶어도 빌리지 않는 상황이었던 것이다.

그림 8-3. 정책금리 수준의 국제 비교-대담한 금융 정책 실시 당시 일본의 금리는 선진국 가운데 최저 수준이었다

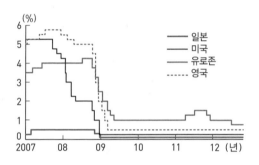

주 | 2008년 12월 16일 이후 미국의 익일물 금리의 유도 목표는 0~0.25%, 준비 예금의 이 자금리는 0.25%, 2010년 10월 5일 이후 일본의 익일물 금리의 유도 목표는 0~0.1%, 보완당좌예금제도의 적용 이율은 0.1%
출처 | 일본은행 '경제 · 물가 정세 전망'(2012년 10월)

그림 8-4. 주요 중앙은행의 자산 규모 비교-일본이 가장 적극적으로 양적완화 중

주1 | 본원통화는 GDP 대비
주2 | 본원통화는 은행권 발행고, 화폐 유통고 및 중앙은행 당좌예금의 합계
주3 | 일본, 유로존의 2012/3Q의 명목 GDP는 2012/2Q의 값
출처 | 일본은행 '경제 · 물가 정세 전망'(2012년 10월)

아베노믹스의
정책 2.

'기동적 재정 정책'과
'성장 전략'

'두 번째 화살'을 보자.

'기동적 재정 정책'이라는 말로 포장하고 있으나 실태는 '필요에 따른 공공투자의 확대'였으며, 아베 내각은 발족과 함께 그 정책을 이미 연거푸 실시해왔다.

첫 번째는 총액 10조 엔에 달하는 거대한 공공사업 확충을 주요 내용으로 하는 2012년도 추경예산을 편성했다(2013년 1월). 그 결과 2012년의 추경 후 예산 규모는 100조 엔을 넘었다.

동일본 대지진의 해(2010년)의 107조 엔, 리먼 쇼크 다음 해(2009년)의 102조 엔에 이은 역사상 세 번째로, 평시로서는 최대 예산안이었다.

두 번째는 2013년도 예산을 92.6조 엔(전년도 당초 예산 대비 2.5% 증가)이라는 대규모로 편성했다. 공공사업 관계비로는 5.3조 엔(전년 대비 15.6% 증가)을 계상했다.

세 번째는 2013년도 추경예산이었다. 총액 5조 5,000억 엔에 달하는 대규모 추경예산을 편성했다. 그 중심은 공공사업이었다.

그림 8-5. **제2차 아베 내각 초기의 경기를 지탱한 대규모 공공투자-공적 고정자본 투자의 전년 대비 증가율(실질)**

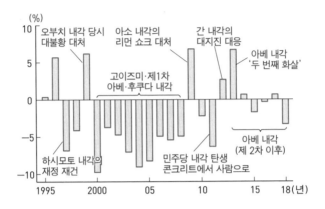

그 결과 GDP 통계를 보면 2013년의 공공투자는 2012년에 비해 6.7% 늘어나 경제성장률을 2.0%까지 높이는 데 결정적 기여를 했다. 참고로 공공투자의 GDP 성장 기여도는 0.6%p에 달했다. 아베 내각의 등장으로 '경기가 아주 좋아졌다'는 인상이 만들어진 데는 '두 번째 화살'의 역할이 컸다.

재원 문제로 쏠 수 없게 된 '두 번째 화살'

그러나 '두 번째 화살'의 역할은 거기까지였다. 공공투자 확대가 민간 소비와 투자 증가로 연결되지 않고, 공공투자가 이후에도 계속해서 증가하는 일도 없었다.

재정 면의 제약도 있었다. 아베 내각에서도 민주당 정권(2012년 12월)에서 시작된 경기 회복을 확실히 함으로써 '두 번째 화살'의 역할은 끝났다고 인식했다. 2013년 전년 대비 실질 6.7% 증가로 엄청나게 늘었던 공공투자 성장률은 2014년 0.7%로 떨어졌고, 이후 경제성장 기여도가 크게 낮아졌다.

'감세'와 '규제 완화', 지나칠 정도의 '세 번째 화살'

'민간 투자를 불러일으키는 성장 전략'이라는 '세 번째 화살'은 '세계에서 가장 기업하기 좋은 나라를 만든다'는 아베노믹스 '최고의 목표'를 실현하기 위한 '화살'이라고 해도 좋을 것이다. '첫 번째 화살'과 '두 번째 화살'이 당장의 목표인 일본 경제를 '재생'의 길로 이끌기 위한, 말하자면 단기 목표를 달성하기 위한 '화살'이었다면 '세 번째 화살'은 장기 목표를 실현하기 위한 '화살'이었다.

이 '화살'은 제2차 아베 내각의 출범과 동시에 설치된 '일본경제재생본부(본부장 아베 수상, 멤버 국무대신 전원)'가 책정한 '성장 전략'에 열거되어 있다. '성장 전략'은 2013년의 '일본부흥전략'에서 시작하여 '일본부흥전략개정(2014년, 2015년)', '일본부흥전략(2016년)', '미래투자전략(2017년, 2018년)', '성장전략실행계획(2019년)'으로 조금씩 이름을 바꾸면서 매년 책정되었다.

최초의 '일본부흥전략(2013년 6월 내각 회의 결정)'을 보면 ①'일본산업부흥플랜'의 실행으로 산업 기반을 강화하고 ②'전략시장창조플랜'의 실행으로 사회 과제를 계기로 새로운 시장을 창조하며 ③'국제 전개전략'의 실행으로 확대되는 국제시장을 획득한다는 '세 가지 액션 플랜'이 제시되어 있다.

주요 시책만 정리하면 다음과 같다.

① 법인세 감세

일본의 법인세가 지나치게 높아 인하해야 한다는 것은 경단련이 해 오던 주장이었다. 이 주장을 받아들인 것이다. 제2차 이후의 아베 내각은 2014년부터 지속적으로 법인세율을 인하하여 2018년 23.2% 가 되었다. 지방세 등을 포함한 실효세율은 29.74%로 20%대가 되었다(그림 8-6). 경단련은 다시 실효세율을 25%로 내려줄 것을 요구하고 있다.

단 '일본 기업의 세금 부담이 무겁다'는 것은 표면상의 실효세율을 다른 나라와 비교했을 경우의 경단련의 주장이다. 하지만 투자 세액 공제 등 세제상의 특별 조치를 고려에 넣고 사회보험료를 합산해서 비교하면 일본 대기업의 부담은 유럽 기업에 비해서 낮다(그림 8-7).

'그림 8-7'은 재무성이 대형 회계 사무소에 위탁해서 조사한 것이다. 업종별로 주요 기업의 부담률을 산출한 것으로, 조금 오래된 자료이긴 하지만 경향은 지금과 다르지 않다.

그림 8-6. 계속 인하하는 법인세율

① 법인세율(대기업 대상 기본세율)의 추이

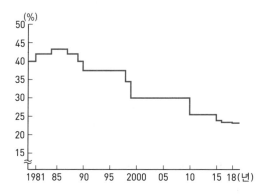

② 실효세율의 추이　(%)

	2014년도 (개정 전)	2015년도 (2015년도 개정)	2016년도	2018년도
			(2016년도 개정)	
법인세율	25.5	23.9	23.4	23.2
대형 법인 대상 법인 사업소득세 완화 · 지방법인 특별세 포함 · 연 800만 엔 초과 소득분의 표준세율	7.2	6.0	3.6	3.6
국가+지방 법인 실효세율	34.62	32.11	29.97	29.74

출처 | 재무성 홈페이지

그림 8-7. 세금과 사회보험료 부담률의 국제 비교-일본 기업의 사회적 부담은 유럽 기업보다 낮다

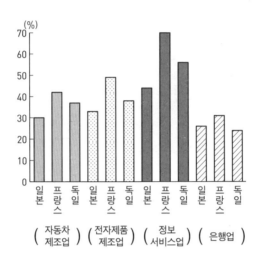

주 | 세금과 사회보험료 부담 공제 전의 이익 대비 비율
출처 | 재무성 '2010년도 세제개정대강 · 참고자료'

② 국가전략특별구역 제도 창설

아베 내각은 출범 직후인 2013년 '국가전략특별구역법'을 제정하여 '국가 전략 특구' 창설에 착수했다. 제도 창설의 목표는 '아베노믹스 성장 전략의 실현에 필요한 대담한 규제와 제도 개혁을 실현하여 '세계에서 가장 기업하기 좋은 나라'를 만드는 것'에 있다고 수상 관저 홈페이지에 기재되어 있다. '지금까지의 특구는 지자체와 단체가 계획을 국가에게 제안하는, 말하자면 상향식 접근형의 규제 개혁 모델이었다. 반면 '국가 전략 특구'는 대상 구역 선정에 국가가 주도적으로

관여하여 속도감을 가지고 암반 규제를 돌파하는 구조로 되어 있다.'

2019년 3월 시점에 전국 10개 지역에 '특구'가 지정되었고 도시 개발, 의료, 교육, 간호, 보육, 농림수산업, 그 외 다양한 분야에서 규제 완화가 실시되었다.

암반 규제를 마치 벌레먹은 상황으로 만들어 최종적으로는 규제 폐지로 몰고가는 것이 목적이라고 할 수 있겠다.

③ 노동 규제 완화('근로 방식 개혁' 법 제정)

아베 내각은 2018년 6월 '노동개혁관련법'을 통과시켰다. (1)잔업 시간의 상한을 규제하고 (2)비교적 고수입인 일부 전문직을 노동 시간 규제 대상에서 제외하고(고도 프로페셔널 제도), (3)정규직과 비정규직 간의 불합리한 대우 격차를 해소하는(동일노동, 동일임금) 것을 주요 내용으로 하는 법률이었다. 아베 내각이 당초 포함하려던 '재량 노동제 확대'는 정부가 제출한 통계 자료에 심각한 오류가 있어 제외되었지만, 향후 노동자의 삶에 심각한 영향을 미칠 수 있는 한편 고용자 입장에서는 고맙기 그지없는, 오히려 '근로 방식 개혁'이라고 부르는 편이 어울리는 법 개정이었다.

즉 (1)잔업 시간은 지금까지 노사 간 교섭에 맡기는 형태로 법률상의 규제는 없었다. 규제를 마련한 것은 하나의 진전이라고 볼 수 있겠지만 그 상한이 지나치게 높았다. 노동자는 과로사 직전까지 일을 해야 할지도 모른다는 우려가 있다. 가령 과로사를 해도 잔업 시간은 법의 테두리 내였다고 사용자가 면책을 받을 수도 있었다. 또한 노동기

그림 8-8. 국가전략특구 일람과 인가 사례

---

① 국가전략특구 지정 구역

아키타 현 센보쿠 시, 센다이 시, 니이가타 시, 도쿄권(도쿄도, 가나가와 현, 지바 시, 나리타 시), 아이치 현, 간사이권(오사카 부, 교토 부, 효고 현), 효고 현 야부 시, 히로시마 현 · 에히메 현 이마바리 시, 후쿠오카 시 · 기타큐슈 시, 오키나와 현

(2019년 3월 현재)

② 히로시마 현 · 이마바리 시 '특구' 인가 사업

히로시마 현 · 이마바리 시
    사항 수: 8
    사업 수: 14 (히로시마 현: 7 / 이마바리 시: 6 / 히로시마 현 · 이마바리 시: 1)

창업 인재 수용 관련 출입국 관리 및 난민인정법 특례	히로시마 현, 이마바리 시
창업자 인재 확보 지원 관련 국가공무원 퇴직수당법 특례	(주) OTTA, (주) B&S, 우즈노하나 커뮤니케이션즈(주)
특정실험시험국 제도에 관한 특례	(주)에네르기아 커뮤니케이션즈, 루체 서치(주)
고용노동상담센터 설치	내각부, 후생노동성, 히로시마 현
인재 유동화 지원 시설 설치	내각부, 히로시마 현
특정비영리활동촉진법 특례	에히메 현, 히로시마 현, 히로시마 시
휴게소(미치노에키) 설치자 민간 확대	민간 사업자(이마바리 시 요시우미 초), 민간 사업자(이마바리 시 하카타 초), 민간 사업자(이마바리 시 가미우라 초)
수의학부 신설 관련 허가 기준 특례	학교법인 가케 학원

출처 | 수상 관저 홈페이지

준법은 제1조에서 '노동 조건은 노동자가 사람다운 생활을 누릴 수 있도록 필요를 충족해야 한다', '이 법률로 정하는 노동 조건의 기준은 최저 한도의 것이기 때문에 노동 관계 당사자는 … 그 향상을 도모하기 위하여 노력해야 한다'고 정하고 있다.

그리고 일 단위, 주 단위, 월 단위 등으로 잔업 시간의 상한을 정하는 대다수 유럽 국가와 견줄 수 없을 정도로 노동자에게 가혹한 개정이었다.

다음으로 (2)'고도 프로페셔널 제도'가 적용되는 대상은 연소득 1,075만 엔 이상의 노동자로 정해졌다. 그러나 법 제정 후 당시 정한 기준이 기업에 유리한 방향으로 완화되기 일쑤다. 순차적으로 수입이 낮은 노동자에게도 적용 대상이 확대될 우려가 있다.

(3)'동일노동, 동일임금'은 그렇다고 쳐도 정규직의 대우가 나빠지는 것이 현실화될 수 있다는 우려가 있다. 당연히 노동조합의 분발이 요구된다. '비정규직의 정규직화' 운동에도 노동조합의 노력이 더욱 필요하다.

④ 외국인 노동자 수용 범위 신설

아베 내각은 당시까지 전문적·기술적 분야의 외국인 노동자만 받아들였던 정부 방침을 바꾸어 '특정기능 1호' 및 '특정기능 2호'라는 범위를 만들어 전문직이 아닌 노동자를 받아들일 수 있도록 '출입국관리 및 난민인정법'을 개정했다.

'특정기능 1호'라는 것은 '부족한 인재를 확보해야 하는 산업상의 분야에 속하는 상당한 지식 또는 경험을 요하는 기능'을 가진 자, '특정기능 2호'는 '숙련된 기능'을 가진 자다. 전자는 재류 기한이 통산 5년으로 가족 동반은 인정되지 않으며, 후자는 재류 기간의 갱신과 가족 동반이 가능하다. 수용 업종은 간호, 외식업, 건설업 등 14업종, 수용 한계는 5년간 약 34만 5천 명이다.

후생노동성의 조사('외국인 고용 상황의 신고 상황에 대해서', 2018년 10월)에 따르면 조사 시점에 약 146만 명이 일본에서 일하고 있다. 그중 '기능 실습'은 애초 '일본에서 연수를 받은 뒤 귀국해서 습득한 기술을 유용하게 활용한다'는 개발도상국으로의 기술 이전을 목적으로 한 것이었지만, 현실에서는 '저임금으로 외국인을 고용하는 제도가 되었다'는 비판이 강하다. '최저임금 이하의 임금으로 장기간 일하고 있다', '인권 침해다' 등의 조사 보고가 많아 일본변호사연합회의 '개선을 촉구하는 권고서'와 노동조합의 '근본 재검토를 요구하는 의견서'가 정부에 제출되기도 했다.

새로운 수용 범위의 확대와 함께 이러한 인권 무시의 고용이 확대 재생산된 것은 아닌지, 결과적으로 노동자 전반의 노동 조건의 악화로 이어진 것은 아닌지 방지책이 충분하게 정비되지 않은 채 허둥지둥 제도 개혁이 이루어진 만큼 걱정되는 부분이다. 기능 실습생의 노동 조건에 대해 확실한 실태 조사 실시와 개선책의 검토가 조속히 행해져야 한다.

⑤ '소사이어티 5.0'에 대처

'성장 전략'은 2017년에 '미래투자 전략'으로 이름을 바꾸었다. 이후 눈에 띄는 것은 '소사이어티 5.0'이라는 말이 자주 나왔고 '소사이

그림 8-9. 체류 자격별 외국인 노동자 수

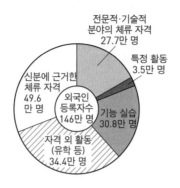

전문적·기술적
분야의 체류 자격
27.7만 명

특정 활동
3.5만 명

신분에 근거한
체류 자격
49.6
만 명

외국인
등록자수
146만 명

기능 실습
30.8만 명

자격 외 활동
(유학 등)
34.4만 명

주 | '신분에 근거한 체류 자격'이란 영주권자, 일본인 배우자, 영주자의 배우자 등의 정주자
출처 | 후생노동성 '외국인 고용 상태의 신고 상황에 대해서'

어티 5.0' 실현을 위한 제언과 대책이 많이 있었다.

먼저 '소사이어티 5.0'이라는 말인데 내각부 홈페이지에 따르면, 소사이어티 5.0이란 '사이버 공간과 현실 공간을 고도로 융합한 시스템에 의해 경제 발전과 사회적 과제 해결이 양립하는 인간 중심의 사회를 말한다.

여기서 5.0은 수렵사회(소사이어티 1.0), 농경사회(소사이어티 2.0), 공업사회(소사이어티 3.0), 정보사회(소사이어티 4.0)를 잇는 '새로운 사회(소사이어티 5.0)'라는 것이다. 이러한 사회의 변화에 정부도 기업도 개인도 대응해야 하므로 이를 위한 '구조개혁'이 필요하다는 것이 정부의 요지다.

⑥ 아베노믹스 '두 번째 단계'

아베노믹스에는 '세 개의 화살'을 중심으로 하는 '제1단계'에 이어서 '제2단계'도 있다.

2015년 9월 다시 자민당 총재에 당선된 아베 수상은 기자회견에서 아베노믹스가 '제2단계'에 들어섰다고 말했다.

> 목표는 '1억 총활약' 사회입니다. … 이를 위해서 새로운 '세 개의 화살'을 쏘겠습니다. 첫 번째 화살은 '희망을 만들어내는 강한 경제'. 두 번째 화살은 '꿈을 잇는 육아 지원'. 세 번째 화살은 '안심으로 이어지는 사회보장'입니다. … 첫 번째 화살의 목적은 '전후 최대의 경제' … GDP 600조 엔 달성을 목표로 제시합니다. … 두 번째 화살은 … 희망 출생률 1.8의 실현입니다. … 세 번째 화살은 … '간호 이직 제로'라는 … 일과 간호가 양립할 수 있는 사회 만들기를 본격적으로 시작하겠습니다.

이것을 듣고 아베노믹스의 '제2단계'가 무엇인지 확실하게 이해할 수 있는 사람은 아마도 없을 것이다. 세 개의 화살이라는 것이 모두 정책 목표와 다르지 않다. 화살은 어디에 있는 건가.

애초에 왜 '제2단계'인가, '제1단계'는 어떻게 되었고 어떻게 할 것인가.

이러한 의문이 곧바로 터져나오는 기자회견이었지만 논리적으로 따져봐야 의미는 없다. 다음 해 여름으로 예정되어 있던 총재 선거를 앞두고 주요 목표(GDP 600조 엔, 출생률 1.8, 간호 이직 제로라는 화려한 목표)로 내세워 '제1단계' 성과를 올리지 못한 아베노믹스에서 유권자의 눈을 돌리게 하는 것이 목표였을지도 모른다.

그렇게 생각하고 있던 즈음 화살이 나왔다.

기자회견 후에 급하게 설치된 '1억활약국민회의(각료 13인과 경단 련 회장, 일본상공회의소 회장 등 '지식인' 15명으로 구성)'가 정리한 '1억 총활약 사회의 실현을 위해서 긴급하게 실시해야 하는 대책(2015년 11월)'이 그것이다. 세 개의 목표를 달성하기 위해서 무엇을 해야 하는 지 크고 작은 것을 합치면 100개 정도의 화살이 열거되었다.

그래서 어떻게 되었는가?

'제2단계' 목표는 2018년까지 전혀 달성되지 않았다.

- GDP 600조 엔 → 2018년 GDP는 약 550조 엔이었다. 600조 엔이 되려면 적어도 6년은 걸릴 것이다.
- 출생률 1.8 → 2018년의 출생률은 1.42로 기자회견이 있었던 2015년의 1.45와 마찬가지로 낮았다.
- 간호 이직 제로 → 2017년은 99,000명(총무성 '취업구조기본조 사')으로 목표와 차이가 크다.

GDP야 어찌됐든(애초에 큰 게 좋다고 말하는 게 아니다) 출생률 상승 은 젊은이들의 대폭적인 임금 인상과 노동 시간 단축이 필요했다. 하 지만 그런 정책은 전혀 나오지 않았다. 또한 간호 이직 제로의 실현에 는 간호보험제도의 대폭적인 개선이 필요한데도 오히려 정반대의 정 책(간호보험제도의 개악)을 시행했으니 당연한 결과였다.

아베노믹스 '제2단계'는 희대의 연극이었다.

⑦ 소비세 증세와 사회보장제도 '개혁'

소비세 증세와 사회보장제도 '개혁'은 이미 민주당 정권 때 법률이 만들어져서 레일이 깔려 있었다. 아베 내각은 그에 따라 실시만 하면 되었다. 그러나 소비세 증세는 난항을 겪었다. 첫 번째는 2014년 4월 예정대로 5%에서 8%로 인상한 데 이어 2015년 10월로 법이 예정한 두 번째 10%로의 인상은 ①2014년 11월 인상 시기를 2017년 4월로 1년 반 연기한 네나가 ②2016년 6월 인상 시기를 2019년 10월로 다시 2년 반 연기했다.

이런 우여곡절 끝에 두 번째 소비세 인상(10%, 식료품은 8%로 유지)은 2019년 10월에 시행되었다. 경기 상황은 아주 어려웠지만 큰 선거가 없어서인지 이번에는 실시되었다.

이것으로 1989년 4월 3%였던 소비세율은 도입 30년 만인 2019년 10월 10%가 되었다. 그 사이 소비세수는 1년분의 소비세수가 전부 들어온 1990년의 4.6조 엔에서 2019년의 19.4조 엔으로 15조 엔이나 늘었다(그림 8-10).

증세 후의 1년분의 세수가 기대되는 2021년에는 소비세수가 20조 엔을 훌쩍 넘어 국가 일반회계에서 가장 큰 세수가 된다. '부담 능력에 따른 부담'이라는 근대 국가의 세금 기본 원칙에 크게 반하는 '불공평 세제'인 소비세가 최대 수입이 되는 시대가 도래했다고 해야 할까, 자본주의 국가의 세제로써 퇴폐의 극치라고 해야 할까. 소비세수가 크게 증가한 반면 법인세수는 크게 감소하고 있다(그림 8-10)는 현실을 보면 시름이 한층 깊어진다.

그림 8-10. 일반회계 세수 추이

(단위 : 조 엔)

연도	세수회계	소비세	소득세	법인세
1988	50.8	*2.2	18.0	18.4
1989	54.9	3.3	21.4	19.0
1990	60.1	4.6	26.0	18.4
⋮				
1996	52.1	6.1	19.0	14.5
1997	53.9	9.3	19.2	13.5
1998	49.4	10.1	17.0	11.4
⋮				
2013	47.0	10.8	15.5	10.5
2014	54.0	16.0	14.0	11.0
2015	56.3	17.4	17.8	10.8
2016	55.5	17.2	17.6	10.3
2017	58.8	17.5	18.9	12.0
2018	59.9	17.8	19.5	12.3
2019	62.5	19.4	19.9	12.9

주1 | 2018년까지는 결산, 2019년부터는 연초 예산 기준
주2 | 1988년의 *표시는 물품세
출처 | 재무성 홈페이지

한편 사회보장제도 개혁은 민주당 정권에서 민주·자민·공명의 '3당 합의'에 따라 개정된 '사회보장제도개혁추진법'에 기초하여 착실히 추진되었다(그림 8-11). 사회보장 서비스를 삭감하는 한편 이용자 부담을 늘려 '지속 가능한 사회보장제도를 확립한다'는 것이 주요 내용이다.

그림 8-11. 실시된 사회보장제도 개혁의 주요 내용

의료	70~74세 의료비 창구 부담 2할화	2014년부터 단계적 실시
	일반 병실의 식비 환자 부담 증가	2015년 실시
	소개장 없이 대형 병원 진찰 시 정액 부담 징수	2016년 실시
	일반 병실의 수도비 · 전기비 · 난방비 환자 부담 증가	2017년부터 단계적 실시
	고액 요양비(70세 이상)의 부담 한도액 인상	2017년부터 단계적 실시
	후기고령자(75세 이상)의 보험료 경감 특례 폐지	2017년부터 단계적 실시
간호 · 돌봄	요지원 1, 2의 방문간호 · 통원간호를 종합 사업으로 이행	2017년 말까지 전면 실시
	특별 요양자를 원칙 요개호 3 이상으로 한정	2015년 실시
	연간 소득 160만 엔 이상의 경우 이용료 부담을 2할로 인상	2015년 실시
	보충급부 요건 엄격화(자산, 배우자 요건 신설)	2015년 실시
	특별 요양 다인실 요금 징수	2015년 실시
	보충급부 수입 인정 대상에 유족연금, 장애연금 추가	2016년 실시
	제2호 보험금(40~64세)에 총보수율 도입	2017년 8월부터 실시
	고액 간호 서비스비의 부담 상한액 (현역 못지않은 소득)의 인상	2017년 8월부터 실시
연금	물가 · 임금 슬라이드, '특수 수준'의 해소, 거시경제 슬라이드에 의한 연금 삭감	2012, 2013, 2015, 2017년
생활보호	생활 보조비, 동계 가산, 주택 보조 등의 삭감	2013~2015년

옮긴이 주 | 일본에서는 국민보험에서 제공하는 의료 서비스를 받을 수 있는 고령자를 일곱 단계로 구분하고 있다. 요지원(要支援) 1~2와 요개호(要介護) 1~5가 있다.

요지원 1 | 부분적인 도움을 필요로 하지만 기본적으로 혼자서 일상생활이 가능한 상태.

요지원 2 | 기본적으로 혼자서 생활할 수 있지만 일상생활 동작이 약간 부자유스러운 상태.

요개호 1 | 보행이 불안정하고 식사나 배설 등의 생활 동작에 부분적인 도움이 필요한 상태.

요개호 2 | 보행이 불안정하고 식사나 배설 등의 생활 동작에 경증 도움이 필요한 상태.

요개호 3 | 보행, 식사, 배설, 입욕 등 일상생활에서 전면적인 도움이 필요한 상태.

요개호 4 | 일상생활 전반에 전면적인 도움이 필요한 상태. 요개호 3에 비해 일상생활 동작의
　　　　　　저하가 두드러진 상태.

요개호 5 | 일상생활 전반에 전면적인 도움이 필요한 상태, 완전히 쇠약하여 일반적인 의사소
　　　　　　통도 곤란한 상태.

출처 | 전일본민의련사무국 작성 '학습회자료'

　　또한 아베 내각은 '호네부토 방침(2015년 6월 내각 회의 결정)'에서 향후 사회보장제도 개혁'의 구체적인 방책을 정하고 있다. 여기에는 ①의료·간호 제공 체제의 적정화(경쟁 시스템의 강화로 제공 비용 삭감), ②사회보장의 산업화(영리 기업의 의료·간호 사업 진출) 촉진, ③공적 보험제도(의료보험, 간호보험)의 새로운 '개혁'이 나와 있다. ①에서는 '탄력적인 자금 배분으로 개혁에 임하는 도도부현(都道府県)을 중점적으로 지원한다', 즉 의료비와 간호비를 삭감한 지자체를 모델로 타 지역을 그 모델에 맞추는 시스템을 검토하고, ②에서는 '기업이 의료기관·간호 사업자, 보험자, 보육 사업자 등과 연대하여 새로운 서비스 제공 확대를 촉진'하고, ③에서는 '공적 의료보험'과 '공적 간호보험의 적정화로, 적용 범위를 어떻게 좁힐지 검토'한다는 게 주된 내용이다.

　　이용자로서는 더더욱 심각한 상황이 생겨날 듯하다.

　　⑧ TPP, 대미 교섭 등

　　TPP(환태평양동반자협정)는 7장에서 본 것처럼 민주당 정권이 참가 방향으로 움직인 것이다. 자민당은 2012년 12월의 총선거에서 참가 반대 입장을 표명했지만 정권 획득 후인 2013년 3월 아베 수상은

교섭 참가를 정식으로 표명하고 태도를 바꾸었다.

한편 2016년 11월의 미국 대통령 선거에서 당선되어 2017년 1월에 취임한 트럼프 대통령이 미국의 이탈을 표명, 미국은 TPP 협정에서 탈퇴했다.

앞에서 본 것처럼 당시까지의 TPP 교섭을 주도해온 것은 미국의 오바마 대통령이었다. 일본은 미국의 요구에 응답해, 말하자면 미국의 체면을 세워주기 위해 교섭에 응한 것으로 보인다. 미국, 호주 등 거대 농축산국이 참가하고, 더구나 관세 제로를 내걸기 때문에 TPP 참가는 일본의 농축산업이 입을 타격이 너무 클 것이었기 때문이다.

이것이 미국의 이탈로 어떻게 될지 아베 내각의 대응이 주목받았는데 일본은 오히려 적극적으로 남은 10개국과 교섭하여 11개국 체제의 TPP 발족을 목표로 움직였다.

생각해보면 TPP 참가에 적극적인가 소극적인가의 구별은 국가 단위로 생각하면 잘못되어 버린다는 것이다. 적극파는 수출 산업과 수출 상사, 소극파는 국내 내수 산업에 노동조합과 소비자로 구별할 수 있을 것이다. 요지는 수출 산업은 상대국의 관세가 제로이면 큰 이익을 얻는다. 반대로 국내 산업은 타격을 입고, 노동조합은 국내외 경쟁 격화로 노동 조건이 악화되는 것을 걱정하며, 소비자는 식품 안전 면에서 불안이 생긴다. 이런 까닭에 이해관계의 대립은 국가 간이 아닌 자국 내에 있었다.

그렇게 해석하면 일본 정부가 TPP 가맹 소극파였다가 적극파로 바뀐 이유는 능히 짐작할 수 있다. 농축산업이나 국민 생활을 중시하는 입장에서 수출 산업을 중시하는 입장으로 입지를 바꾼 것이다. 이

TPP는 2018년 12월에 발효되었다. 발효된 지 반년 만에 이미 소고기나 돼지고기, 치즈, 과일 등의 수입이 눈에 띄게 증가했다는 신문보도가 있었다.

그리고 TPP를 이탈한 미국인데 트럼프 정권은 일본과 양국 간 교섭을 요구했고, 아베 수상이 이에 응해 교섭이 시작되었다. 결국 아베 수상이 트럼프 정권의 주장을 전면적으로 수용하는 형태로 합의에 이르렀다.

국회 심의는 이제부터인데 일본의 농축산업과 사람들의 생활의 안정성 확보, 그 외의 면에서 시련의 시기가 다가오고 있다.

일본 경제는
어떻게
변화해왔는가

아베노믹스라는 정책이 발동된 지 이미 6년 이상이 지났다. 그 사이 일본 경제는 어떻게 변화해왔는지 먼저 경기 동향을 보자.

경기는 하강 국면으로 들어가기 직전

경기동행지수로 이 시기의 경기 추이를 보면 2013년 1월 제2차 아베 내각 출범부터 2014년 3월까지 경제는 빠르게 회복되었다.

①민주당 정권 시절인 2012년 11월에 경기 하강 국면이 끝나고 경기가 상승 국면으로 전환한 것, ②세계 경제의 회복이 본격화된 것, ③아베 정권의 공공사업 확대 정책으로 수요가 늘어난 것, ④통화 공급 확대 정책의 효과로 기대되던 주가 상승과 엔저가 진행된 것 등이 그 배경이었다.

게다가 2013년 말부터 2014년 초까지는 2014년 4월로 예정되어 있던 소비세율의 인상을 앞에 두고 사재기 수요가 발생했다는 점도 있었다.

단 이 기세는 2014년 3월까지였다. 2014년 4월 경기동행지수는 크게 하락했고 이후 침체된 채 2016년 가을까지 부진이 계속되었다. 그 뒤 2016년 가을부터 2017년에 걸쳐 조금 회복 기미를 보였지만 2018년부터는 다시 하향세로 내려앉은 상황이다.

대충 보면 요컨대 2014년 4월의 소비세율 인상 이후 경기는 침체되어 오늘날까지 거의 답보 상태라고 할 수 있다.

이 사이 정부의 경기 판단은 일관되게 '경기는 완만하게 회복되고 있다'였다. 정확하게 말하면 '경기는 제자리걸음을 걷고 있다'라고 해야 했다.

더욱이 신경 쓰이는 것은 2018년 여름 이후 그래프가 지그재그로 변동하면서 지수가 하향세로 움직이고 있다는 것이다. 트럼프 대통령의 대중(對中) 강경책으로 미중 관계가 악화되어 중국 경제에 그림자가 드리워진 것이 그 배경이다. 향후 양국 관계의 추이 여하에 따르겠지만 일본에는 소비세 인상이라는 문제도 있다.

2019년 가을 시점의 일본의 경기는 하강 국면으로 접어들기 직전의 상황에 놓여 있다.

GDP 실질성장률은 6년간 연평균 1.0%

GDP 통계로 매 해의 실질성장률 추이를 보자. 성장률이 가장 높았던 것은 제2차 아베 내각이 출범한 2013년의 2.0%이며, 이후는 0%대인 해와 1%대인 해가 교대로 늘어서 있는데 제2차 아베 내각 출범 이후

6년간의 평균 실질성장률은 1.0%이다.

출범 직후인 2013년의 '호네부토 방침'의 서두에 아베 내각은 다음과 같이 적었다.

'1990년대 초반에 있었던 버블 붕괴를 계기로 일본 경제는 현재에 이르기까지 약 20년간 전반적으로 낮은 경제성장에 만족해왔다. 이 시기 일본의 GDP 실질성장률은 0.8%였다.'

아베 내각의 6년간도 큰 차이가 없지 않은가.

GDP의 지출 항목별로 보면 눈에 띄는 것이 두 가지 있다. 낮은 민간 소비 지출 성장률과 높은 수출 성장률이다.

그림 8-12. GDP 실질성장률과 기여도 추이 ⑥

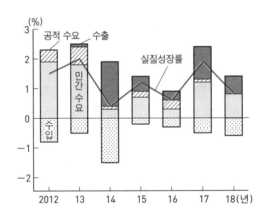

출처: 내각부 '국민경제계산'

먼저 실질 민간 소비 지출을 보면 2012년의 292조 엔(실질치, 2011년 가격 환산, 이하 동일)이 2018년에는 300조 엔이 되었다. 6년 간 8조 엔밖에 늘지 않은 것이다. 연평균 증가율은 0.5%, 귀속임대료(자택 보유자가 임대료를 지불하는 것으로 간주하여 GDP의 소비 지출에 가산한 것) 계산분을 제외한 실제 소비액을 보면(귀속임대료를 제외한 가계 소비 지출) 2012년의 235조 엔이 2018년의 238조 엔이 되어 6년간 3조 엔밖에 늘지 않았다. 연평균 증가액은 0.3%이다.

한편 수출을 보면 2012년의 73조 엔이 2018년의 93조 엔으로 6년간 20조 엔 증가했다. 이 시기의 실질 GDP 증가액은 36조 엔이었는데 그 가운데 55%는 수출 증가에 따른 것이었다. 여기서도 수출을 제외하고 GDP 실질성장률을 계산하면 6년간 평균 성장률은 0.6%가 된다. 5장에서 본 고이즈미 내각의 5년간 평균 성장률과 차이가 없다. 소비 부진 속에 수출 의존형의 경제가 계속되고 있는 것이다.

기업 이익은 1.7배로, 지급 인건비는 1.05배에 그쳤다

소비 부진의 배경에는 소득의 증가 부진이 있다.

소득을 보기 위해서는 같은 GDP 통계에서 고용자 보수를 보면 된다. 하지만 그 기반이 되는 '매월근로통계' 수치에 통계 부정 문제가 있어 신뢰성이 떨어진다. 그렇기 때문에 여기서는 다른 통계를 사용해서 추측해본다.

먼저 '법인기업통계연보(재무성)'에서 기업이 지급한 인건비 총액을 보자.

최신 통계가 2017년도까지밖에 없기 때문에 2012년과 2017년의 수치를 비교해본다. 법인 기업(금융·보험업 제외)의 인건비 지급 총액은 206.5조 엔으로 2012년 대비 5% 증가했고, 이 사이 소비자물가는 4.3% 상승하여 실질적으로 보합세였다. 민간 소비 지출이 매우 낮은 성장에 머문 것도 당연한 일이었다.

국세청 '민간급여실태통계조사'에서 '1년간 일한 사람의 평균 급여'를 보면 2017년에는 432만 엔으로 2012년의 408만 엔 대비 5.9% 증가했다. 물가상승률을 고려하면 실질적으로 1.4% 증가한 연평균 0.3% 증가가 되어 앞서 본 소비 지출과 동일하다.

요점은 소비 부진의 배경에는 임금(기업이 봤을 때는 인건비) 인상 억제가 있다는 것이다.

'법인기업통계'를 본 김에 기업의 경상이익과 지급 배당금의 수치도 정리해보자(그림 8-13).

2017년은 경상이익 73% 증가, 지급 배당금 66% 증가였다. 아베노믹스의 '세계에서 가장 기업하기 좋은 나라'라는 목표는 착착 실현되고 있었다.

그림 8-13. 아베노믹스에서의 인건비 등의 변화

(단위 : 조 엔)

	2012년도	2017년도	2012년 대비
경상이익	48.4	83.5	73%↑
지급 배당금	14.0	23.3	66%↑
지급 인건비	197.0	206.5	5%↑

출처 | 재무성 '법인기업통계연보'

아베노믹스는
실패했다,
그러나
계속될 것이다

제2차 아베 내각이 출범한 지 7년이라는 시간이 흘렀다. 통계로는 6년간의 결과가 나와 있으니 아베노믹스를 평가하기에 충분한 시간이지 않은가.

아베노믹스는 실패했다. 실패했다고 보는 근거는 두 가지다. 하나는 스스로 내세운 목표를 아직까지 실현하지 못했기 때문이다.

성장률 목표도, 물가상승률 목표도 달성하지 못했다

'장기간의 디플레이션과 경기 침체에서 탈출', 즉 '일본 경제의 재생'을 경제 정책의 과제로 삼은 아베 내각은 아베노믹스를 통해 그 과제를 달성하려고 했다. 내세운 목표는 명목성장률 3%, 실질성장률 2%였다. '호네부토 방침(2013)'에 다음과 같이 기록되어 있다.

'향후 10년간(2013~2023년) 평균 명목 GDP 성장률 3% 정도, 실질 GDP 성장률 2% 정도의 성장률을 실현한다. 2010년대 후반에는 더욱 높은 성장률 실현을 목표로 한다.'

그림 8-14. 스스로 내세운 목표를 달성하지 못한 아베노믹스

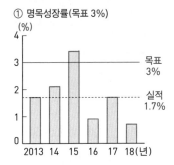

① 명목성장률(목표 3%)

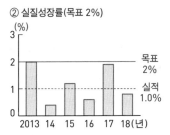

② 실질성장률(목표 2%)

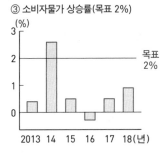

③ 소비자물가 상승률(목표 2%)

출처 | 내각부 '국민경제계산', 총리부 '소비자물가 지수'

결과는 어땠을까(그림 8-14). 매 해의 수치를 보면 ①명목성장률이 3%를 넘은 해는 딱 한 번, 소비세율 인상 영향으로 명목 GDP가 성장한 2015년뿐이었다. 나머지 5년은 3% 근처에도 가지 못했다. 2013년부터 2018년까지 6년간의 평균 성장률은 1.7%였다. ②실질성장률이 2%에 달한 해가 딱 한 번, 나머지는 1%대 혹은 그 이하에 그쳤다. 6년간의 평균 성장률은 1%였다.

목표를 크게 밑돈 실적으로 '2010년대 후반에 더욱 높은 성장률 실현을 목표로 한다'는 것은 어불성설이다.

또 하나 ③디플레이션의 극복은 일본은행이 소비자물가(신선식품을 제외한 종합지수) 상승률 2%라는 목표를 내걸었다. '다른 차원의 금융완화 정책 발동 시(2013년 4월)'에 '2년 정도를 염두에 두고 가능한 한 조기에' 달성하려고 했던 것이지만 지금까지도 실현하지 못한 것은 모두가 아는 사실이다(그림 8-14).

이처럼 스스로 내걸은 목표를 아베노믹스는 달성하지 못했다. 실패로 평가될 수밖에 없는 까닭이다.

사람들의 생활을 어렵게 만들었다

아베노믹스가 실패했다고 보는 또 다른 근거는 사람들의 생활을 어렵게 만들었다는 것이다. 대개 모든 경제 정책은 사람들의 삶을 좋게 만드는 것을 목표로 한다. 그 정책으로 사람들의 생활이 나아졌다면 그 정책은 성공, 나빠졌다면 실패로 봐야 한다. 단기간에 평가하기가 그렇지만 아베노믹스는 이미 정책 발동에서 6년 이상이 지났다.

이 6년 남짓한 시간 동안에 사람들의 생활은 어떻게 되었는가.

다양한 지표가 있지만 내각부 '가계조사'에서 노동자 가계(2인 이상 세대)를 대상으로 한 조사에서 2018년의 수치를 2012년과 비교하면 다음과 같다.

① 세대 평균 가처분소득을 월별로 환산(이하 동일)하면 2018년은 455,000엔으로 2012년의 425,000엔에 비해 6년간 3만 엔 증가했다. 증가율은 7%. 6년간 소비자물가는 소비세 인상 영향으로 5.3% 올랐다. 이를 빼면 실질소득은 6년간 1.6% 증가에 그쳤다.

② 소비 지출은 2018년이 315,000엔으로 2012년의 313,000엔에 비해 2천 엔(0.6%)밖에 오르지 않았다. 물가 상승을 고려하면 실질소비는 4% 감소한 것이다. 즉 샐러리맨 세대의 생활은 아베노믹스 6년간 실질소비가 4% 감소해 그만큼 가난해졌다.

③ 가처분소득의 상승률보다도 소비자 지출의 상승률이 낮다. 즉 소비 성향(소비 지출/가처분소득)이 낮아졌다(2012년 73.6% → 2018년 69.2%)는 것은 소득이 늘지 않는 사이 각 세대가 소비를 억제하여 저축으로 돈을 돌렸다는 것이며, 사람들의 장래 불안이 높아졌다는 것이다. 아베 내각의 사회보장제도 개악의 영향이 소비 증가 침체를 가져와 경기에도 악영향을 끼쳤다.

④ 그러나 식료품 지출은 억제하는 데도 한계가 있기 때문에 결과적으로 엥겔지수(식료품 지출/소비 지출)가 현저하게 상승했다

(2012년 22.1% → 2018년 24.1%).

⑤ 특히 저소득층('가계조사'의 하위 10%)은 2018년 의료비와 교육비 지출을 2012년 대비 10% 줄였다.

이것으로 충분할 것이다. 아베노믹스는 이 모든 충격을 샐러리맨 세대에게 안겨주었고 이 때문에 많은 사람이 생활고로 고통받고 있다. 아베노믹스는 실패했다.

왜 아베노믹스는 실패했는가

왜 아베노믹스는 실패했을까. 확실한 이유가 두 가지 있다.

첫째, '세 개의 화살'이 전부 과녁을 벗어나 일본 경제의 장기 침체나 디플레이션의 원인에 닿지 않았다는 것이다. 지금까지 봐온 것처럼 일본 경제의 장기 침체의 진짜 요인은 소비 증가 부진이었고, 그 배경에는 임금의 하락과 상승 부진이었다. 아무리 금융을 완화시켜도(첫 번째 화살), 그리고 다양한 형태로 기업이 이익을 보도록 배려해도(세 번째 화살) 임금이 늘지 않는 한 일본 경제의 '재생'은 없고 디플레이션에서 탈출하는 것 역시 불가능하다. 또한 공공투자의 확대(두 번째 화살)는 소비 부진에 의한 수요 부족을 보완한다는 점에서 '세 개의 화살' 중 비교적 목표에 근접한 화살이었다. 하지만 애석하게도 재원 문제도 있고 화살 수량에 제한이 있어 효과는 일시적인 것에 그치고 말았다.

둘째, 아베노믹스가 사람들의 삶의 향방에 너무 무관심했고, 임금을 올리는 등 보다 나은 삶을 만드는 정책이 필요했음에도 반대로 소비세 증세, 사회보장제도 개악 등 생활에 해를 입히는 정책을 계속해서 취한 것이다.

잘되지 않은 게 당연했고, 좋은 성과를 내는 게 오히려 더 이상한 일이다.

그럼에도 아베 내각은 아베노믹스의 확실한 실패를 인정하지 않고 온갖 방법을 써서 더욱 아베노믹스를 계속해 나갈 작정인 것 같다. 궁극적인 목표는 단 하나 '세계에서 가장 기업하기 좋은 나라'를 만드는 것인데, 이것이 실현될 때까지 계속하겠다는 것인가.

앞으로의
경제와 생활은
어떻게
될 것인가

아베 내각이 앞으로도 당분간 이어진다면, 경제 정책 면에서 아베노믹스가 계속해서 취해진다면 일본 경제에도, 사람들의 생활에도 미래는 없다.

소비세 증세로 경기는 더욱 악화된다

경기가 서서히 하강하고 있다는 것은 지적한 바와 같다. 여기에 소비세율 인상(10%, 2019년 10월)의 악영향과 미중 경제 마찰로 중국 경제의 성장 둔화, 나아가서 미국 경제의 둔화 영향이 더해지면 하강 국면에 진입하는 것은 필연이 된다. 낙관적 시나리오를 그리고 있는 것으로 보이는 '정부 전망(2019년 7월 내각 회의 승인)'에서도 2019년 4월~2020년 3월의 GDP 실질성장률 전망은 0.9%로 2018년의 실적(0.7%)과 비슷하다. 더욱 객관적으로 본 OECD의 전망(2019년 5월)에 따르면 일본의 2019년 성장률은 0.7%, 2020년은 0.6%이다.

구조개혁 아래에서 '경기가 좋아져도 임금은 오르지 않는다'는 구조로 바뀐 일본 경제지만 '경기가 나빠지면 임금도 내려간다'는 구조는 그대로다. 앞으로 사람들의 생활은 한층 나빠질 것이다.

그리고 아베노믹스가 생활에 끼칠 다양한 악영향이 있다. '노동 방식 개혁'이 아닌 '일을 시키는 방식의 개혁'으로 노동 현장은 더욱 혹독해질 우려가 있다. 사회보장제도 '개혁'의 영향으로 복지 서비스 질 저하, 자기 부담의 증가 등도 걱정된다.

또한 머지않아 아베노믹스가 종언을 고할 때 반드시 발생할 것들에 어떻게 대처할 것인가 하는 문제가 있다.

아베노믹스 종식 때 일어날 문제에 어떻게 대처하는가

아베노믹스는 말하자면 문제를 미래로 미루는 형태의 정책이다. 대표격인 예가 '다른 차원의 금융완화 정책'이다. 본원통화는 2019년 3월 말에 이미 500조 엔을 넘어 GDP 대비 100%에 달한다(정책 발동 전인 2012년 말에는 140조 엔, GDP 대비 30%였다). 이것을 어떻게 수렴해서 정상화시킬 것인가. 정상화 과정에서 금리 인상은 필수적이다. 소비자물가 상승률이 1% 정도인 현재 상황을 감안하면 0%대의 장기국채 이율이 1% 정도로 상승하는 것은 필연이다. 그 결과로 이미 발행된 국채 가격이 큰 폭으로 하락할 것이고, 국채를 대량 보유한 금융기관에서는 거액의 손실이 발생할 것이다. 게다가 금리 상승으로 인한 주가 하락 위험도 높다.

혹은 신규 발행 국채 금리의 상승으로 인한 이자 부담 증가 등 걱정은 끝이 없다.

아베노믹스는 재정 적자에 대한 대처도 미뤄왔다.

방위 관계비는 제2차 아베 내각의 2013년부터 2019년까지 7년 연속으로 매년 증가해왔다(그림 8-15①). 게다가 대금을 할부로 치러

그림 8-15. 아베 내각에서 팽창한 군사비

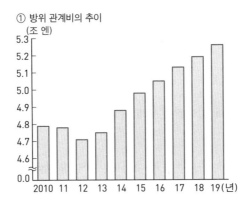

① 방위 관계비의 추이

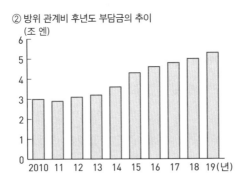

② 방위 관계비 후년도 부담금의 추이

출처 | 재무성 홈페이지

미뤄놓은 청구서가 불어나고 있다. '후년도 부담금'을 매년 부풀리고 있는 것이다(그림 8-15②). 2019년의 후년도 부담액은 5조 3,000억 엔을 넘어 이미 연도 예산액(5조 2,600억 엔)을 초과하기에 이르렀다. 향후 방위 관계비가 더욱 증가하리라는 것은 불 보듯 뻔하다.

재정 건전성에 있어서 2013년 8월 아베 내각은 '당면한 재정 건전화를 위한 대처 등에 중기 재정 계획'을 내각 회의에서 승인했고, '국가와 지방을 합친 기초 재정수지에 대해 2015년까지 2010년과 비교해 GDP 대비 적자 비율을 절반으로 줄이고 2020년까지 흑자화'를 목표로 해왔다.

2019년까지의 실적은 '그림 8-16'에 나와 있다. '2020년까지 흑자화한다'는 목표는 도저히 실현 불가능할 것 같다.

그림 8-16. 국가와 지방의 기초 재정수지 추이

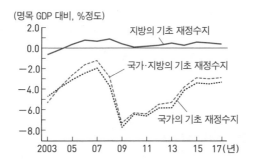

출처 | 재무성 홈페이지

그래서 아베 수상은 '호네부토 방침(2018)'에서 새롭게 '경제 재생과 재정 건전화에 착실히 대처하고 2025년도 국가와 지방을 합친 기초 재정수지의 흑자화를 지향한다'며 목표 달성 연차를 5년 미뤘다(목표 달성은 아마도 아베 내각 퇴진 후의 일일 것이다).

그러나 이 목표 연차의 달성 역시 매우 어렵다고 볼 수밖에 없다. 내각부가 경제재정자문회의에 제출한 '중장기 경제 재정에 관한 계산'에 따르면 경제성장률이 지금까지의 아베 내각의 경제 성과가 유지될 경우 2025년의 기초 재정수지 적자는 GDP 대비 1%대(국가만 보면 2% 근처)가 될 것이라고 한다.

성장률이 명목 3%, 실질 2%라는 정부 목표를 상회한다면 '2026년까지 대체로 수지가 균형을 이룬다'는 것이 또 하나의 시산 결과다.

재정 건전도 더욱 미뤄질 가능성이 높다.

'앞으로는 어떻게 돼?'라는 질문에는 '아베 내각이 계속되는 한 나아질 전망은 없다'고 대답할 수밖에 없다. 가능한 수단은 '나빠지는 것을 최대한 멈추는 것'이 될 것이다. 개개의 정책 발동에는 관계되는 시민과 노동조합의 노력에 기댈 수밖에 없다.

경제와 생활을 좋게 하려면?

한편 보다 나은 경제와 생활을 만들기 위해서 어떻게 하면 좋을까 하는 질문의 대답에는 전향적인 것을 몇 가지 제출할 수 있다.

첫 번째로 제일 중요한 것은 임금을 대폭 인상하는 등 노동 조건을 근본적으로 개선하는 것이다.

두 번째는 사회보장제도를 개선하는 것이다.

이것이 성공하면 사람들의 생활은 확실히 나아질 것이다. 중요한 것은 그렇게 사람들의 생활이 나아지면 일본 경제도 좋아질 것이라는 점이다.

첫 번째 사항은 임금의 저하가 민간 소비 지출의 침체로 이어져 일본 경제의 성장률을 끌어내린다는 것을 앞에서 보았다(6장, 그림 6-5①②). 일본의 낮은 임금 증가율은 지금도 계속되고 있다(그림 8-17). 1997년부터 2015년까지 구미 주요국의 임금이 50~80% 오르는 동안 일본만 10% 떨어졌다. 2015년부터 2018년에 걸쳐서 일

그림 8-17. 여전히 낮은 일본의 임금 상승률

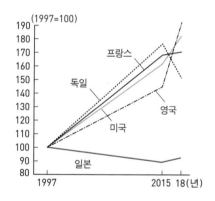

주 | 잔업 수당을 포함한 민간 부분의 총수입을 근로자 1인당 금액으로 환산한 것
출처 | OECD 'Hourly Earnings Private Sector Index, SA'

본도 임금을 올리기 시작했지만 상승률은 3%에 못 미쳤고, 다른 주요 선진국 상승률 5~8%에 비해 낮았다. 이 낮은 임금 상승률이 개선되면 미국과 유럽 국가에 비해 상대적으로 낮은 일본의 성장률(그림 8-18)도 높아질 것이다.

그림 8-18. 일본, 미국, EU의 경제 전망

(실질성장률(실적과 전망) : %)

	2018	2019	2020
일본	0.8	0.7	0.6
미국	2.9	2.8	2.3
EU	1.8	1.2	1.4

출처 | OECD Economic Outlook(2019.5)

즉 일본은 사람들의 생활이 개선되면 경제도 좋아진다는 축복받은 상황에 있는 것이다.

두 번째 사항은 사회보장제도의 '개혁'이, 특히 최근의 아베 내각에서 사람들의 장래 불안을 고조시켜 소비 증가를 억눌러 일본 경제의 침체로 이어졌다는 것을 앞에서 보았다. 사회보장제도의 개선은 최근의 경향에 제동을 걸어 그 흐름을 충분히 반전시킬 수 있다.

여기서도 삶을 좋게 만드는 것이 일본 경제를 개선하는 길이 된다.

생활은 나아질 수 있다

문제는 임금 인상, 그 외 노동 조건과 사회보장제도의 개선이 가능한 가이다.

충분히 가능하다는 것이 여기서의 대답이다.

첫째, 노동 조건의 개선은 기업의 지불 능력과 밀접하게 연관되어 있다. 최근의 수익 수준 향상, 풍부한 사내 유보금 등 기업 전체적으로 능력이 충분하다는 것은 입증할 필요도 없을 것이다. 노동자의 생활을 개선하기 위해 그 수익과 사내 유보금을 어떻게 반환할지는 정치의 문제로 최저임금의 대폭 인상, 저임금 비정규직 노동자의 정규직화(비정규직 고용, 파견 노동의 규제 강화) 등 방법은 다양하다(중소 영세기업 등 지불 능력이 결여된 기업은 당분간 정부가 지원하여 중장기적으로 거래처인 대기업과의 거래 관계를 개선시키는 것도 필요할 것이다). 단 여기서는 기업의 지불 능력이 충분하다는 점을 지적하는 선에서 그치겠다.

둘째, 사회보장제도의 개선은 재원이 문제가 된다. 재정 문제는 하시모토 내각과 고이즈미 내각이라는 두 '구조개혁' 내각이 강한 의욕을 가지고 잘못된 방향으로 노력해왔다. 아베 내각도 정면으로 재정 문제에 대처하고 있는 것 같지는 않지만 사회보장제도의 '개혁'을 추진하는 배경에는 역시 재정 문제를 의식하고 있는 감이 있다.

이 책에서는 지금까지 각 장에서 그런 '구조개혁'과 각 내각의 '재정 문제' 대처가 얼마나 일본 경제와 사람들의 생활에 심각한 영향을 미쳤는지 살펴봤는데, 일본의 재정 문제를 어떻게 파악해야 하는지는 논하지 않았다.

그래서 마지막 '9장'을 독립된 장으로 마련하여 일본의 재정 문제를 거론함으로써 이 책을 마무리한다.

Part
03

일본의 재정을 어떻게 볼 것인가

9장

일본은
세계에서 가장
돈이 남아도는 나라!
그리스처럼은
되지 않는다

(3장~8장의 보충)

일본 정부는 거액의 빚을 안고 있지만

일본 정부는 거액의 빚을 안고 있다. 국채만 보더라도 2019년 말 897
조 엔에 달한다. 그 외의 형태를 띤 국가의 빚과 지방채 등 지자체의
빚을 합친 정부 부문의 전체 채무 잔고는 이미 1,300조 엔을 넘어서
고 있다.

이는 GDP 대비 2.4배에 가까운데, 1.3배인 이탈리아를 제외하면
다른 주요 선진국은 전부 1.1배(미국)나 그 이하다. 이들 국가와 비교
하면 일본 정부의 부채는 지나치게 높다(그림 9-1).

연금 적립금이나 외화 준비금 등의 금융자산을 일본 정부는 다른
국가에 비해서 많이 갖고 있지만, 보유하고 있는 금융자산을 제외한
순채무 잔고는 GDP 대비로 봐도 역시 높다는 것을 알 수 있다(그림
9-2). 이런 상황을 평가하여 재무성은 '주요 선진국 중 최악의 수준'
이라고 기록했다(재무성 홈페이지). '최악'인지는 몰라도 '최대'라는 것
은 확실하다.

그림 9-1. 채무 잔고의 국제 비교(GDP 대비)

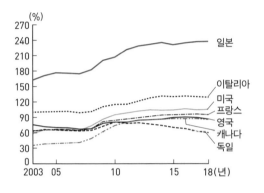

출처 | 재무성 홈페이지

그림 9-2. 순채무 잔고의 국제 비교(GDP 대비)

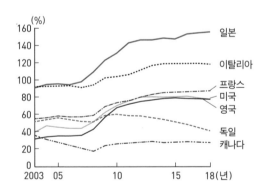

출처 | 재무성 홈페이지

단 주의해야 할 점이 세 가지 있다.

첫째는 정부의 GDP 대비 채무 잔고 비율은 정부의 채무 잔고의 크기를 가늠하는 하나의 잣대이기는 하지만 말 그대로 잣대에 지나지 않는다. 그 숫자가 1을 넘었으니까, 2를 넘었으니까 하고 이러쿵저러쿵 말할 숫자는 아니라는 것이다.

둘째는 국채 잔고 약 900조 엔, 정부 부문의 총부채 잔고 1,300조 엔이라는 숫자를 보고 '도저히 갚을 수 없다'고 비관할 필요는 없다는 것이다. 단기적으로는 물론 상당한 시간이 걸려도 갚기 어려운 것이 사실이지만 그렇다고 어떻겠는가.

채무자는 정부다. 변제 기한이 다가와 변제 자금이 필요해지면 그만큼 자금을 조달할 수 있으면 그것으로 괜찮으며, 기한 전이라도 그걸 전부 정리해서 갚을 일은 없으며 그럴 필요도 없다. 현재 국가는 30조 엔이 넘는 신규 발행 국채와 100조 엔이 넘는 차환채를 발행하여 총합 140조 엔 정도를 매년 발행하고 있지만 그 국채는 어김없이 소화된다.

셋째는 가장 중요한 점인데 일본 정부는 돈이 부족해서 어려움에 처해 있지만, 일본 국내에는 돈이 남아돌고 있어 일본은 세계에서 가장 돈이 남아도는 국가라는 것이다.

일본은 세계 제일의 돈이 남아도는 국가

국내에서 경제 활동을 하는 주체를 크게 정부 부문, 법인 기업 부문(금융기관 제외), 가계 부문의 세 부문으로 나누어 각 부문의 금융자산 잔고와 부채 잔고를 확인해보자(그림 9-3).

2018년 말의 통계를 보면 먼저 정부 부문은 금융자산 잔고(연금 적립금 등) 565조 엔에 부채 잔고(국채·지방채 등)가 1,304조 엔으로 약 740조 엔의 부채 초과다. 다음으로 법인 기업 부문은 금융자산 잔고 1,142조 엔에 부채 잔고(주식, 사채, 대출 등)가 1,632조 엔으로 이를 빼면 490조 엔의 부채 초과가 된다. 가계 부문은 모든 가계를 합쳐서 약 1,830조 엔의 금융자산(현금, 증권, 보험 등)을 보유하고 있다. 주택 대출 등의 대출 321조 엔을 빼면 1,509조 엔의 자산 초과가 된다. 이 삼자와 나머지(재단 등의 비영리단체, 금융기관의 자기 자금 등)를 더하면 일본 전체로는 341조 엔 정도 금융자산 초과가 된다.

이 초과 자금은 어떻게 되어 있는가. 국내에서 다 쓸 수 없는 잉여 자금이므로 다양한 형태로 해외로 유출되고 있다(증권 투자, 출자금, 외화예금, 그 외). 엄밀하게 말하면 해외에서도 다양한 형태로 일본

그림 9-3. 경제 부문별로 본 자금 과부족(2018년 말)

(단위 : 조 엔)

	금융자산 잔고	부채 잔고	과부족(△는 부족)
정부	565	1,304	△739
법인기업	1,142	1,632	△490
가계	1,830	321	1,509
기타(비영리 단체 등)	(생략)		61
국내 부문 합계			341

출처 | 일본은행 '자금순환'

그림 9-4. 주요 국가의 국내 과잉 자금(2018년 말)

(단위 : 조 엔)

일본	341
독일	260
중국	236
홍콩	143
스위스	99
캐나다	42
러시아	41
이탈리아	△8
영국	△20
프랑스	△33
미국	△1076

주 | △는 부족 자금
출처 | 재무성 '국가대외자산부채잔고'

으로 자금이 유입되고 있기 때문에 일본에서 해외로 유출되는 자금 총량과 해외에서 일본으로 유입되는 자금 총량의 차이로 통계가 만들어져 있는데 그 금액 341조 엔에서 볼 수 있듯이(그림 9-4) 일본은 세계 제일의 돈이 남아도는 국가인 것이다. 이미 수십 년간 그렇게 움직여 왔다.

정부가 돈이 부족해서 돈을 빌린다. 빌리고 또 빌려도 빌릴 수 있다는 것, 국내에서는 다 쓸 수 없는 돈이 남아 있는 게 현실이다.

일본은 결코 그리스처럼 되지 않는다

이러한 상황으로 볼 때 확실하게 말할 수 있는 것이 있다. 일본은 결코 그리스처럼 되지 않는다는 것이다.

그리스 정부도 일본 정부와 마찬가지로 돈이 없었다. 빌려서, 주로 국채를 발행해서 돈을 조달하고 있었다. 대출 잔고의 GDP 대비 비율은 1.3배로 지금의 일본보다도 꽤 낮았다. 그런데도 그리스 위기가 발생했다. 어째서일까.

그림 9-5. 일본 국채 소유 내역(2017년 12월)

(외국의 국채 소유자의 해외 비율 : %)

미국	38
영국	27
독일	50
프랑스	55
이탈리아	36

출처 | 재무성 홈페이지

그리스와 일본은 큰 차이가 있다. 일본은 국내에 돈이 남아돌고 있지만 그리스는 국내에 충분한 돈이 없었다는 것이다. 그리스 국채의 상당 부분은 해외 금융기관과 투자가가 보유하고 있었다. 그 국채가 그리스 정부가 발표하는 숫자에 거짓이 있다, 그리스의 재정이 생각보다 심각하다는 소문이 나도는 가운데 매물로 나왔지만 매수자가 나서지 않아 가격이 폭락하는 과정에서 위기에 빠졌다.

일본과는 사정이 크게 다르다. 일본은 국내에 풍부한 자금이 있다. 일본 국채의 90%는 국내에 존재한다(그림 9-5). 해외 보유자를 포함해서 일본 국채 소유자가 일본 재정의 앞날에 불안을 느껴 매도로 나와도 아마도 바로 매수자가 나올 것이다.

또 하나 그리스와 일본은 큰 차이가 있다. 그리스 국채는 기본적으로 유로화다. 그리스 국채에 불안을 느낀 투자가는 국채를 팔고 유로화를 손에 넣는다. 그 유로화로 바로 독일이나 프랑스 국채를 살 수 있다. 갈아타는 데 불안도 없고 품도 들지 않는다. 한편 일본 국채를 팔면 손에 들어오는 것은 기본적으로 엔화다. 이것으로는 다른 나라의 국채를 살 수 없다. 달러화나 유로화는 어쨌든 환전 리스크를 져야 한다. 엔화 표시 회사채를 살 수 있지만 일본 국채 가격이 붕괴할 위험이 있을 경우 필시 일본의 회사채 등의 가격 역시 붕괴할 것이다. 일본 국채를 팔아도 손에 들어온 자금 사용이 곤란하다는 현실적 문제가 있다.

생각할 수 있는 것은 전반적인 엔저가 멈출 기미를 보이지 않는 경우인데, 그것은 더 이상 일본 재정의 문제가 아니라 일본 경제 전반의 문제로 봐야 한다.

그리스 위기를 목격한 민주당 정권 당시의 간 내각과 노다 내각이

'일본도 그리스처럼 되면 곤란하다'며 소비세 증세 노선으로 방향을 바꾼 것이라면 무지하고 멍청한 선택이었다고 할 수밖에 없다.

재정 건전과 사회보장 확충은 필요

당분간 일본이 그리스처럼 될 우려는 없지만 일본 재정의 현재 상황, 거액의 빚을 떠안고 계속해서 매년 빚을 증가시키고 있는 상황은 아무리 봐도 건전하지 못하다.

또한 정부는 이러한 심각한 재정 상황을 이유로 사회보장제도를 개악하여 사람들의 생활을 위협하고 있기도 하다. 건전화를 위해, 더불어 사람들의 삶을 지키기 위해 재원을 마련한다는 관점에서도 재정 건전화는 필요하다.

어느 정도의 자금이 필요한가?

현재의 정부는 당장의 목표로 기초 재정수지의 균형을 제시하고 있다. 국채 이자 및 상환에 드는 비용 이외의 지출을 세금과 그 외 약간의 경상 수입으로 조달하는 형태로 가져가겠다는 것이다. 2019년 예산을 보면 국채 이자 및 상환에 드는 비용 이외의 지출은 78조 엔이다. 반면 세수 외의 경상 수입(국채 발행 이외의 수입)은 69조 엔으로 기초 재정수지의 균형을 맞추기 위해서는 약 9조 엔의 자금 마련이 필요하다. 그만큼의 증세 혹은 지출 삭감이 필요하다는 것이다.

좀더 큰 관점에서 보자. 균형 재정의 회복을 목표로 한다면 2019년의 공채 발행액 33조 엔을 제로로 하거나 재정법이 인정하는 건설 국채는 놔두더라도 특례법을 만들어서 발행하고 있는 특례 국채의 발행을 제로로 만드는 것은 필요하다. 26조~33조 엔의 자금 마련이 필요하다는 것이다.

당장은 9조 엔, 그 다음은 17조~24조 엔, 이상적으로 말하면 최종적으로는 33조 엔의 자금 마련이 재정 재건을 위해 필요하다. 어찌되었든 거액인데 문제는 이뿐만이 아니다.

일본의 사회보장제도가 얼마나 미흡한지 생각하면 제도 확충을 위해서도 자금이 필요하다.

미흡한 일본의 사회보장제도 확충 필요

'일본의 사회보장제도는 … 선진국에 비해서 손색이 없는 제도다'라는 것이 정부의 공식 견해인 것 같지만('사회보장·세금의 일체개혁대강', 2012년 2월 내각 회의 결정) 그렇지 않다. 몇 가지 큰 문제를 가지고 있다.

첫 번째는 제도가 있어도 내용이 빈약한 데 있다. 노후 생활을 보장할 수 없는 연금제도 등이 그렇다.

두 번째는 제도를 이용할 수 없는 사람이 다수 존재한다는 데 있다. 생활보호제도의 커버율은 30%로 추산된다.

세 번째는 제도 이용자의 부담이 무겁고 가난한 사람은 이용하기 힘든 제도가 많다는 데 있다. 원칙적으로 3할은 자기 부담인 의료보험제도 등이 그렇다.

네 번째는 제도 안에서 일하는 사람들의 대우가 열악(임금이 낮고 노동이 가혹한)하고, 제도는 현장 사람들의 희생 위에 성립되어 있다는 데 있다. 간호, 돌봄, 보육 등이 그렇다.

모두 개선이 시급하지만 이를 위해서는 정부가 사회보장에 더욱 자금을 쏟아부어야 한다.

정부는 사회보장제도의 확충에 어느 정도 자금을 쏟아부을 필요가 있을까. 국제 비교를 해보자.

'그림 9-6'은 가로축에 고령화율(65세 이상 인구/총인구), 세로축에 정부의 사회보장 지출 대비 GDP 비율을 취해 각 선진국(OECD 가맹국)의 위치를 표시한 것이다. 그래프에 하나의 추세선(사선)이 있는데 사회의 고령화가 진행됨에 따라 GDP 대비 사회보장 지출 비율도 높아지는 경향을 나타낸다.

일본의 위치는? 그래프의 오른쪽 위, 추세선에서 꽤 아래에 있다. 일본은 OECD 국가 가운데 가장 고령화가 진행된 나라다. 그러나 고령화가 진행되었는데도 불구하고 GDP 대비 사회보장 지출 비율은 낮다는 것을 이 그래프가 보여준다. 세로축의 23%의 위치에 있는 일본을 위쪽으로(세로축과 평행하게) 이동시켜서 추세선과 만나는 위치에 놓으면 대략 31%이다. 즉 GDP 대비 비율로 앞으로 8% 사회보장 지출을 증가시키면 일본의 사회보장제도는 OECD 국가와 비슷해진다.

일본의 GDP는 약 550조 엔이다. 550×0.08 = 44, 즉 앞으로 44조 엔의 사회보장 지출을 늘리면 일본의 사회보장제도는 대다수 선진국과 어깨를 나란히 하는 제도가 된다. 앞에서 본 작금의 문제도 해결할 수 있을 것이다.

그림 9-6. 고령화와 사회 지출의 국제 비교(2013년)

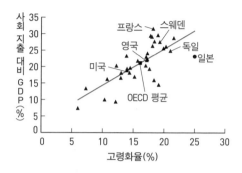

주 | 고령화율은 전 인구 대비 65세 이상 인구 비율
출처 | 후생노동성 '후생노동백서(2017년판)'

재정 건전화는 가능하다, 사회보장제도 확충도 가능하다

재정 건전화를 위해, 최대한의 목표(균형 재정의 확립)를 달성하기 위해서는 33조 엔의 자금이 필요하다는 것이었다. 게다가 사회보장제도 확충에 44조 엔. 합쳐서 77조 엔이다. 아직 더 있다. 일본의 빈약한 교육 예산(GDP 대비 비율로 OECD 가맹국 중 최저)의 증액, 국가와 지방 모두에 다수 존재하는 비정규직의 정규직화 등이 남아 있다.

그러나 이야기를 그만 넓히고 여기서는 77조 엔(대충 계산했으니 80조 엔으로 보고)이라는 자금 마련이 가능한지 생각해보자.

가능하다는 것이 여기서의 대답이다.

그림 9-7. 일본의 국민부담률은 낮다(주요국과의 비교)

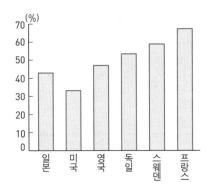

주 | 2016년(일본은 2016년도)의 수치
출처 | 재무성 홈페이지

위안거리는 일본의 낮은 국민부담률(세금+사회보험료/국민소득)
이다.

일본의 국민부담률은 2019년 42.8%로 미국 이외의 주요 선진
국에 비해 매우 낮다(그림 9-7, 2016년과의 비교지만 일본의 2016년은
2019년과 같은 42.8%).

OECD 가맹국과 비교해도 낮은 쪽에서 8번째다(그림 9-8).

부담률이 높은 대표적인 나라는 프랑스와 스웨덴이 있다. 이 두 나
라는 사회보장 지출의 GDP 대비 비율을 봐도 높다. 국민 부담이 큰 만
큼 질 높은 사회보장을 실현하고 있다고 볼 수 있다.

그림 9-8. OECD 국가와의 국민부담률(국민소득 대비) 비교

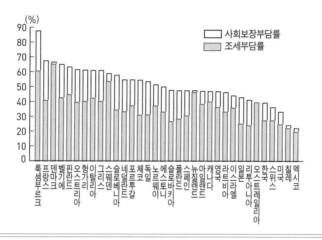

범례: □ 사회보장부담률 ■ 조세부담률

출처 | 재무성 홈페이지

프랑스를 예로 들어보자.

프랑스의 국민부담률은 67.2%로, 일본의 42.8%에 비해 24.4%p 높다. 만약 일본의 국민부담률을 프랑스 수준으로 끌어올리면 일본의 세금과 사회보험료 수입은 얼마나 증가할까?

일본의 국민소득(사람만이 아닌 기업 소득도 포함해서)은 현재 약 400조 엔이다. 400×0.244 = 97.6. 즉 97조 엔, 약 100조 엔의 세금과 사회보험료의 수입 증가가 예상된다.

앞에서 재정 건전화와 사회보장제도 확충을 위해서는 약 80조 엔이 필요하다고 했다. 그렇다면 국민부담률을 프랑스 수준으로 끌어올리면 얻을 수 있는 정부 수입은 약 100조 엔, 필요액을 조달하기에 충

분하다.

당연한 결과다. 일본에는 프랑스에 맞먹는 국력이 있다. 프랑스 수준의 부담을 국민에게 요구하면 재정 적자는 나오지 않고(프랑스는 일본 수준의 재정 적자 나라지만), 사회보장제도는 프랑스와 같지는 않다고 해도 다른 유럽 선진국 정도는 된다(프랑스의 사회보장 지출은 그림 9-6에서 볼 수 있듯이 추세선의 꽤 위에 있어 양질의 제도임을 알 수 있다).

여기서 만약을 위해 덧붙이겠다. 일본 전체에 약 100조 엔의 부담 능력이 있다고 해서 소비세 증세가 가능하다는 말은 아니다. 이 책에서 봐왔듯이 가난한 사람에게는 아직 부담 능력이 없다. 소비세 증세는 무리다. 부담은 부담 능력이 있는 쪽에 요구해야 한다. 매년 거액의 이익을 내고 있는 대기업, 주식 투자와 배당금에서 거액의 수입을 얻고 있는 투자가, 연 수입이 천만 엔을 넘는 회사 임원, 사업가 등은 상당한 부담 여력이 있을 것이다. 부담 증가는 그 부담 능력에 따라서 요구해야 한다.

그리고 덧붙일 필요도 없지만, 여기서 나타낸 숫자는 어디까지나 일본에게도 충분히 가능성이 있다는 것을 보여줄 뿐이다. 그 가능성을 실현할 수 있을지, 가능성을 향해 발걸음을 옮길지는 정치의 문제다.

그래도 조금은 희망을 가져본다.

이 책을 다 쓰고 검토하면서 일 하나가 끝났다는 만족감보다도 일본은 어떻게 하다가 이 지경이 되었는지 아쉬운 마음이 더 크다. 그리고 앞으로 점점 더 나빠지지 않을지 불안감도 크다.

30년 전 1990년대 초반, 버블이 붕괴되어 경기가 침체되어 있던 시기에도 이런 기분은 들지 않았다. '거품 속에서 떠다니던' 비정상적인 시대가 끝났다. '앞으로 일본 경제는 좀더 건실한 시대를 향해 걸을 것이고, 그 과정에서 지금의 불경기는 어쩔 수 없다'고 약간의 여유를 가지고 시대를 바라보고 있었다.

그러나 어떻게 되었는가.

일본 경제 전반의 일은 차치하고서 대다수 사람의 삶은 이 30년간에 확실히 나빠졌다. 게다가 지금은 계속해서 나빠지고 있다. 이대로라면 2년 뒤, 3년 뒤에는 더욱 나빠질 것이다.

출구는 보이지 않는다.

개탄만 하고 있으면 안 된다. 정상이라면 지금까지 봐온 현실에 더욱 분노하고 분개해야 한다.

전 반나치 레지스탕스 운동의 활동가이자 이후 프랑스 외교관으로 '세계인권선언'의 기초자였던 스테판 에셀이 생각난다.

나치와의 전투가 한창이던 때 에셀은 레지스탕스 동료들과 '해방 후'의 사회가 되어야 할 모습을 상상하며 실현해야 할 프로그램을 만들었다고 한다. '경제와 사회에 진정한 민주주의를 실현'하는 것, '모든 아이들에게 일체의 차별 없이 최상의 교육을 받게 하는 것', '나이든 노동자가 존엄을 지키며 여생을 편히 보내는 데 필요한 연금' 등의 일상생활에서 '출판·보도의 자유와 존중, 국가, 자본, 외압으로부터의 독립' 등의 정신의 영역까지.

그 프로그램의 대부분은 '해방 후' 프랑스에서 실현되었다.

그것이 지금(21세기에 들어서서 10년쯤 지난 프랑스) '이민이 불법 입국으로 취급받아 강제 퇴거당하고 배척받는 사회. 연금과 사회보장이 축소되는 사회, 언론이 부자의 손에 쥐여지는 사회, 레지스탕스의 진정한 후계자라면 … 결코 용인하지 않았을' 사회가 되고 있다고 에셀은 적고 있다. 93세 때의 저서였다(스테판 에셀 〈분노하라〉).

> 나라에는 더 이상 시민에게 사용할 돈이 없다고 낯두껍게 말하는 사람이 있다. 그러나 유럽이 모조리 파괴되고 프랑스가 해방된 그 시기와 비교하면 터무니없이 많은 부가 생겨나고 있는데도 사회의 기초를 유지하는 돈이 어째서 오늘날 부족한 것인가.

마치 지금의 일본과 같다.

하지만 이런 현실을 앞에 두고도 93세의 에셀은 개탄하지 않는다. 푸념하지도 않는다. 에셀은 단지 분노하고 분개하고 있었다. 그리고 세상 사람들을 향해서, 특히 젊은이들을 향해서 '분노하라, 분개하라'고 장려하는 것이다.

다시 에셀의 말을 인용한다.

> 분노는 귀중하다. 예전 나치즘에 분노를 느꼈던 나처럼 분노의 대상을 가진 사람은 씩씩하게 전진하는 전사가 되어 역사의 흐름에 참여한다. 역사의 면면한 흐름은 한 사람 한 사람의 힘으로 계속 이어져 가는 것이다. 이 흐름이 향하는 곳은 보다 많은 정의, 보다 많은 자유다. … 정의와 자유를 추구하는 권리는 누구에게나 있다. 이 권리를 누리고 있지 못하는 사람들을 보면 그들을 위해서 일어나 권리를 쟁취할 힘을 빌려줘야 한다.

계속해서 읽어보자.

> 가장 좋지 않은 것은 무관심이다. '어차피 난 안 돼. 내 힘으로는 어쩔 수 없어'라는 태도다. 그런 자세라면 인간을 인간답게 만드는 중요한 것을 잃어버린다. 그 하나가 분노이고, 분노의 대상에 스스로 도전하는 의지다.

그것이다. 이 책을 끝맺은 나에게, 그리고 이 책을 모두 읽은 여러분에게 필요한 것은 '분노'인 것이다.

경제 이야기로 돌아가자. 일본의 현실을 보면 일본에 살고 있는 모든 사람이 저마다의 생활을 영위할 수 있는 사회를 실현시킬 만큼의 경제 기반은 지금의 일본에 충분히 있다고 생각한다. 9장의 마지막에 적은 그대로다.

일찍이 카를 마르크스는 생산력이 현격히 발달한 미래에서 실현 가능한 하나의 유토피아를 그려서 보여주었다. 우리는 이미 그 실현이 가능한 사회에 살고 있는 것이다.

그래도 문제는 있다. 지금의 정치 권력에게는 그런 실현 가능한 사회를 현실로 만들겠다는 의사가 전혀 없다는 것이다.

바람직한 사회는 실현 가능한 사회로써 우리 눈앞에 있다. 필요하다면 그 사회 실현을 위한 프로그램을 적어서 보여줄 수도 있다. 그걸 보여주고 있는 야당도 있다. 그런데 지금의 정치 권력에는 그런 사회를 실현시키려는 마음이 전혀 없다. 오히려 그 반대다. 그 사회는 정반대의 사회를 향해서, 지금의 사회를 한층 더 살기 힘든 사회로 만들기 위해서 더욱 '개혁'을 진행하려 하고 있다.

내가, 우리들이 분노하고 분개해야 하는 것은 이런 현실이다.

2019년 9월 얀베 유키오

참고문헌

• 신자유주의 경제 정책 비판의 글

우치하시 가쓰토內橋克人 〈経済学は誰のためにあるのか(경제학은 누구를 위해 있는 것인가)〉 1997.

피에르 부르디외Pierre Bourdieu 〈la critique sociale(시장 독재주의 비판)〉 1998.

우치하시 가쓰토內橋克人 〈悪夢のサイクル(악몽의 사이클)〉 2006.

스테판 에셀Stéphane Hessel 〈분노하라Time for Outrage: Indignez-vous!〉, 돌베개, 2011.

• 구조개혁 정책 비판의 글

우치하시 가쓰토內橋克人 〈誰のための改革か(누구를 위한 개혁인가)〉 2002.

세키오카 히데유키関岡英之 〈拒否できない日本(거부할 수 없는 일본)〉 2004.

나카노 마미中野麻美 〈労働ダンピング(노동 덤핑)〉 2006.

• 아베노믹스 비판의 글

유아사 마코토湯浅誠 〈反貧困(반빈곤)〉 2008.

다카하시 노부아키高橋伸彰, 미즈노 가즈오水野和夫 〈アベノミクスは何をもたらすか(아베노믹스는 무엇을 불러왔는가)〉 2013.

이토 미쓰하루伊東光晴 〈アベノミクス批判(아베노믹스 비판)〉 2014.

핫토리 시게유키服部茂幸 〈アベノミクスの終焉(아베노믹스의 종언)〉 2014.

하마 노리코浜矩子 〈窒息死に向かう日本経済(질식사로 향하는 일본 경제)〉 2018.

가키우라 아키라垣内亮 〈安倍増税は日本を壊す(아베 증세는 일본을 붕괴시킨다)〉 2019.

다케노부 미에코竹信三恵子 〈企業ファースト化する日本(기업 퍼스트화하는 일본)〉 2019.

• 버블, 금융 정책, 금융 행정에 관한 책

야마구치 요시유키山口義行 〈誰のための金融再生か(누구를 위한 금융 재생인가)〉 2002.

다테베 마사요시建部正義 〈なぜ異次元金融緩和は失策なのか(왜 차원이 다른 금융완화는 실책인가)〉 2016.

시라카와 마사아키白川方明, 〈中央銀行(중앙은행)〉 2018.

• 르포, 다큐멘터리(해외 관계)

질 안드레스키 프레이저Jill Andresky Fraser 〈화이트칼라의 위기White Collar Sweatshop〉 한스미디어, 2004.

폴리 토인비Polly Toynbee 〈거세된 희망Hard Work〉 개마고원, 2004.

데이비드 쉬플러David Shipler 〈워킹 푸어The Working Poor〉 후마니타스, 2009.

바버라 에런라이크Barbara Ehrenreich 〈노동의 배신Nickel and Dimed〉 부키, 2012.

쓰쓰미 미카堤未果 〈(株)貧困大国アメリカ(주식회사 빈곤 대국 미국)〉 2008.

• 르포, 다큐멘터리(일본 관계)

후지타 가즈에藤田和恵 〈民営化という名の労働破壊(민영화라는 이름의 노동 파괴)〉 2006.

후세 데쓰야^{布施哲也} 〈官製ワーキングプア(관제 워킹 푸어)〉 2008.

다케노부 미에코^{竹信三恵子} 〈ルポ 雇用劣化不況(르포 고용 열화 불황)〉 2009.

가루베 겐스케^{軽部謙介} 〈官僚たちのアベノミクス(관료들의 아베노믹스)〉 2018.

• 정부 관계 혹은 정부 관계자의 책

내각부^{內閣府} 〈経済白書(경제백서)〉 2001년부터는 〈経済財政白書(경제재정백서)〉 매 해.

국제 협조를 위한 경제조정연구회^{国際協調のための経済構造調整研究会} 〈同報告書前川レポート(같은 보고서, 마에카와 리포트)〉 1986.

경제기획청^{経済企画庁} 〈生活大国五か年計画(생활 대국 5개년 계획)〉 1991.

내각부^{內閣府} 〈構造改革のため経済社会計画(구조개혁을 위한 경제 사회 계획)〉 1995.

재정제도심의회^{財政制度審議会} 〈財政構造改革を考える-明るい未来を子供たちに(재정 구조개혁을 생각한다-밝은 미래를 아이들에게)〉 1996.

경제전략회의 답신^{経済戦略会議 答申} 〈日本経済再生への戦略(일본 경제 재생 전략)〉 1999.

다케나카 헤이조^{竹中平蔵} 〈あしたの経済学(내일의 경제학)〉 2003.

하마다 히로이치^{浜田宏一} 〈アメリカは日本経済の復活を知っている(미국은 일본 경제의 부활을 알고 있다)〉 2013.

• 얀베 유키오(山家悠紀夫)의 책

〈偽りの危機 本物の危機(가짜 위기, 진짜 위기)〉 1997.

〈日本経済気掛かりな未来(일본 경제 염려되는 미래)〉 1998.

〈構造改革という幻想(구조개혁이라는 환상)〉 2001.

〈小さな政府を考える-経済財政白書第2章の批判を中心に(작은 정부를 생각한다 -경제재정백서 제2장의 비판을 중심으로)〉 공무공공서비스 노동조합협의회, 2006.

〈痛みはもうたくさんだ!-脱構造改革宣言(고통은 이제 그만! - 탈구조개혁 선언)〉 2007.

〈日本経済見捨てられる私たち(일본 경제 버려진 우리들)〉 2008.

〈暮らしに思いを馳せる経済学-景気と暮らしの両立を考える(삶을 생각하는 경 제학-경기와 삶의 양립을 생각한다)〉 2008.

〈暮らし視点の経済学-経済, 財政, 生活の再建のために(삶의 시점의 경제학-경 제, 재정, 생활 재건을 위해)〉 2011.

〈アベノミクスと暮らしのゆくえ(아베노믹스와 삶의 향방)〉 소책자, 2014.

• 그 외

에즈라 보겔Ezra Vogel 〈Japan As Number One(재팬 에즈 넘버원)〉 1979.

역사학연구회歴史学研究会 〈日本史年表 第5版(일본사 연표 제5판)〉 2017.

일본 경제 30년사

1판 1쇄 발행 | 2020년 5월 17일
1판 4쇄 발행 | 2023년 8월 31일

지은이 | 얀베 유키오
옮긴이 | 홍채훈
펴낸이 | 이동희
펴낸곳 | ㈜에이지이십일

출판등록 | 제2010-000249호(2004. 1. 20)
주소 | 서울시 마포구 성미산로 1길 5 202호 (03971)
이메일 | eiji2121@naver.com

ISBN 978-89-98342-60-9 (03320)